CATÉCHISME MUSICAL

OU THÉORIE GÉNÉRALE
DU SON ET DU RHYTHME

SUR UN PLAN ENTIÈREMENT NOUVEAU,

propre à faciliter l'étude de la musique

PAR

MAURICE DELCAMP

EX-PROFESSEUR DE L'ÉCOLE MILITAIRE ÉGYPTIENNE, DE HUSSEIN-BEY, FILS DE MEHEMED-ALY, ET DE AHMED-BEY, FILS D'IBRAHIM-PACHA;

MUNI DE DEUX DIPLOMES DÉLIVRÉS PAR L'UNIVERSITÉ DE FRANCE.

PREMIÈRE PARTIE:
THÉORIE MUSICALE.

APPLICABLE A TOUS LES SOLFÈGES,

Suivie de quelques exercices sur la gamme naturelle et sur les mesures.

La deuxième partie se compose d'un petit solfège, suivi de seize morceaux de chants: les deux parties se vendent séparément.

PRIX : 1 FR. 25 C.

> Notre musique, telle qu'elle est, est déjà trop compliquée, tout le monde en convient, et après avoir célébré les auteurs de nos systèmes, il sera juste un jour de célébrer davantage ceux qui les réduiront à leur juste valeur. .. Notre musique est réellement trop surchargée. (GRÉTRY)

NOTA.

Le lecteur est prié de ne pas confondre, le Catéchisme musical qui n'est autre chose qu'un perfectionnement des méthodes suivies en Europe, avec ma nouvelle notation, laquelle est un système de signes.

OUVRAGES DU MÊME AUTEUR :

NOUVEAU SYSTÈME DE NOTATION MUSICALE destiné à remplacer le système usuel et le plaint-chant : 128 pages de texte et près de 60 pages d'exercices de solfège. . . . . . 4 »

APERÇU DU NOUVEAU SYSTÈME. . » 50

CRITIQUE DE LA NOTATION PAR CHIFFRES, suivie de fragments mélodiques écrits parallèlement avec les trois écritures . . . . » 50

UTILITÉ DE LA MUSIQUE . . . . . . 1 »

Recueil de près de 40 morceaux de chant écrits selon la nouvelle écriture 1 50

ALBUM DE CHANTS
ÉCRITS SELON LE SYSTÈME USUEL AVEC ACCOMPAGNEMENT DE PIANO.

Édition à bon marché sans accompagnement de piano.

PARIS.

CHEZ CHAILLOT, ÉDITEUR, rue Saint-Honoré, 354;
CHEZ PATÉ, passage du Grand-Cerf, 26;
ET CHEZ L'AUTEUR, rue Montmartre, 155.

Imp. de JULES-JUTEAU, RUE ST-DENIS, 341.

CATÉCHISME MUSICAL

DE THÉORIE GÉNÉRALE
DU SON ET DE RHYTHME

SUR UN PLAN ENTIÈREMENT NOUVEAU,

propre à faciliter l'étude de la musique

par

MAURICE DELCAMP

[illegible subtitle]

PREMIÈRE PARTIE

THÉORIE MUSICALE

[illegible]

PRIX : 1 fr. 25 c.

[illegible paragraphs]

PARIS

[illegible publisher addresses]

PRÉFACE.

On sera peut-être surpris de voir, après la nouvelle notation que j'ai publiée, une méthode relative aux signes usuels.

Le système que j'ai publié est laissé à l'appréciation et au zèle des académies et des administrateurs publics, sans abdiquer cependant les moyens personnels que je puis avoir d'agir sur les instituteurs et sur l'opinion publique, pour faire triompher dans le monde civilisé ma nouvelle théorie. La pratique d'un nouvel alphabet ne pouvant pas se faire immédiatement après son apparition, et mon titre de professeur de musique, m'imposant la condition expresse de suivre, dans certains établissements publics ou privés, le système usité, j'ai dû faire, pour quelques-uns de mes élèves, un traité sur la théorie de la musique.

Le Catéchisme Musical n'est donc que l'exposition de la théorie musicale, selon les signes adoptés dans les écoles de l'Europe, et en particulier au Conservatoire de Paris.

Cependant, familiarisé avec les principes musicaux et les difficultés de cet art, comme on doit l'être quand on est auteur d'un alphabet nouveau, j'ai apporté, dans le plan général, dans les définitions et dans la technologie, des changements notables qui faciliteront l'intelligence de la musique.

Je puis même certifier que l'adoption du Catéchisme Musical serait, selon moi, une grande réforme opérée dans l'étude théorique de la science qui m'occupe, dans l'art de lire vocalement un air, et dans celui de comprendre et d'observer la mesure.

J'ai cru faire précéder chaque fait d'une demande, afin que des professeurs non-musiciens, puissent faire réciter les élèves de musique. Nous avons donc agi contrairement à l'habitude qu'ont certains méthodistes, de grouper les demandes à la fin de chaque chapitre. Cependant les matières sont rédigées de manière à établir la connexité nécessaire pour les rendre indépendantes des demandes.

Les personnes qui voudront connaître les nouveaux moyens que j'emploie pour faciliter l'intonation et l'observation de la mesure, pourront consulter ma nouvelle notation : les limites que je me suis tracées, dans le Catéchisme Musical, ne me permettant pas d'en parler.

CATÉCHISME MUSICAL.

THÉORIE DU SON ET DU RHYTHME.

Qu'est-ce que la musique ?
La musique est l'art de reproduire, après ou sans une étude préalable, par la voix ou par un instrument de musique, tous les airs, et de les écrire par des signes reçus, s'ils existent seulement dans la mémoire.
Le but de la musique est d'émouvoir l'âme.
Le compositeur, par le choix judicieux qu'il fait des sons et des rhythmes, prépare les matériaux, et le chanteur ou l'instrumentiste, fait naître dans l'âme des auditeurs, la joie, la tristesse, l'étonnement ou l'admiration, si la pensée de l'auteur est bien interprétée par le musicien.

En combien de parties se divise la musique ?
La science musicale se divise en quatre parties : la composition mélodique, l'harmonie, la musique vocale et la musique instrumentale.
La composition mélodique est l'art de faire des mélodies de manière à émouvoir l'âme et à flatter le système nerveux par une savante combinaison de sons et de rhythmes.
L'harmonie est l'art de combiner des sons qui, entendus simultanément, produisent des sensations agréables, et dont la combinaison conséquemment doit être basée sur les règles de cette science. Le mot composition se dit aussi de la mélodie et de l'harmonie. Le compositeur est donc celui qui connaît les lois de la mélodie et de l'harmonie.
La musique vocale est l'art de reproduire les airs par la voix.
La musique instrumentale est l'art de reproduire les airs avec un instrument de musique.

Quels sont les deux faits qui constituent la musique ?
Les deux faits qui constituent la musique et auxquels tous les autres se rattachent respectivement, sont :
Le son, fait appartenant à la physique ;
Le rhythme, fait appartenant à l'arithmétique.
La musique vocale, ou la musique en général, se divise donc en deux parties : le son et le rhythme.

DU SON.

I. — DU SON EN GÉNÉRAL.

Qu'est-ce que le son ?
Le son, bien différent du bruit, est le produit de la voix, ou d'un instrument de musique, ou de tout autre corps sonore dont le rapport avec d'autres sons peut être facilement déterminé.
L'homme qui a l'organe auditif et vocal dans un état normal, et non dans un état d'infirmité, produit naturellement et sans efforts une série de sept sons générateurs suivis d'un huitième, et de dix sons intermédiaires, en tout dix-sept sons primordiaux.
Il y a donc deux espèces de sons : les sons générateurs et les sons intermédiaires.
Les sons générateurs, au nombre de sept, existent indépendamment des sons intermédiaires. Ils sont appelés générateurs parce qu'ils donnent naissance aux dix sons intermédiaires : c'est avec ces éléments qu'on forme l'air type, qu'on appelle gamme, le fait le plus important de la musique.

II. — DE LA GAMME OU DES SONS GÉNÉRATEURS.

Qu'est-ce que la gamme ?
La gamme, qui est un fait complexe, se compose d'une série de huit sons : tous les hommes la reproduisent facilement. Chacun d'eux a des propriétés particulières que les compositeurs et les professeurs surtout, doivent bien connaître ; elles existent toujours et sont respectivement les mêmes, quelle que soit l'acuité ou la gravité du premier son qui est la base, le fondement des sept autres, et dont l'existence a toujours lieu réellement ou mentalement.
Le huitième, en montant, a les mêmes propriétés que le premier : il est le dernier de la première gamme et le premier d'une gamme supérieure. Le nombre des vibrations qui le pro-

duit est double de celui qu'il faut pour donner le premier; et les sons successifs au-dessus du huitième, qui forment une seconde gamme, sont produits chacun par un nombre de vibrations proportionnel à celui que produit les sons correspondants de la première gamme. De là il faut conclure que toutes les gammes du même genre, sont semblables quoique inégales : comme plusieurs triangles de même espèce qui portent le même nom, sont semblables, quoique inégaux, puisqu'ils conservent les mêmes propriétés, quelle que soit l'inégalité de leurs côtés. (fig. B.)

NOMS QU'ON DONNE AUX ÉLÉMENTS DE LA GAMME.

Quels sont les différents noms qu'on donne à la gamme ?
Pour des raisons prises dans le vaste domaine de la science musicale, les huit sons de la gamme ont quatre espèces de noms, qui sont : les noms gammiques, mnémoniques, numériques et harmoniques.

1. NOMS GAMMIQUES.
Quels sont les noms gammiques des sept sons primordiaux ?
Le 8e » huitième.
Le 7e » septa.
Le 6e » sixta.
Le 5e » quinta.
Le 4e » quarta.
Le 3e » tierça.
Le 2e » seconda.
Le 1er s'appelle prima (1).

2. NOMS MNÉMONIQUES.
Quels sont les noms mnémoniques des éléments de la gamme naturelle ?
Le 8e » do.
Le 7e » si.
Le 6e » la.
Le 5e » bol (2).
Le 4e » fa.
Le 3e » mi.
Le 2e » ré.
Le 1er s'appelle do.

A quoi donne-t-on encore le nom de gamme ?
Par metonymie, on donne le nom de gamme à la série monosyllabique, *do, ré, mi, fa, bol, la, si, do* : de là on dit, système polygammique ou monogammique.

Qu'est-ce qu'un système polygammique ?
Un système polygammique est celui qui admet autant de séries monosyllabiques, dans la solmisation, qu'il y a de gammes pratiquées par les instruments. Dans ce système les noms mnémoniques des sons sont communs au chanteur et à l'instrumentiste; c'est ce qui se pratique au Conservatoire de Paris et dans presque toutes les écoles de l'Europe.

Qu'est-ce qu'un système monogammique ?
Un système monogammique est celui qui n'admet, dans la solmisation de toutes les gammes majeures, qu'une seule série monosyllabique qui est *do, ré, mi, fa, bol, la, si, do;* et la série *la, si, do, ré, mi, fa, bol, la*, ou la première modifiée pour la solmisation de toutes les gammes mineures. Dans ce système les noms mnémoniques des sons sont presque toujours différents de ceux donnés par l'instrumentiste, lequel suit toujours le système polygammique : le système de J.-J. Rousseau est exclusivement monogammique.

De combien de manière peut-on reproduire un air ?
Le monosyllabe le plus naturel qui peut servir dans l'émission du son, est incontestablement la voyelle *a*; mais comme moyen mnémonique l'emploi des mots do, ré, mi, fa, bol, la, si, est bien préférable pour les commençants ; parce que la différence de la disposition des organes vocaux, pour la prononciation de chaque nom monosyllabique aide beaucoup à saisir la différence qui existe entre chaque son.
Un air peut donc être reproduit de quatre manières : par la solmisation, par la vocalisation, par les paroles et par un instrument.

Qu'est-ce que la solmisation ?
La *solmisation* consiste à reproduire un air en donnant à chaque son le nom mnémonique qui l'exprime : le verbe *solfier* exprime cette action.

Qu'est-ce que la vocalisation ?
La *vocalisation* consiste à reproduire un air en donnant à chaque son le nom de la voyelle *a, é, i, o, u, ou;* dans ce cas, on choisit de préférence l'*a*; le verbe vocaliser exprime cette action.

Qu'est-ce que le chant ?
Le *chant* consiste à reproduire un air en nommant chaque syllabe des mots qui répondent aux sons : le verbe *chanter* exprime cette action. Chanter est le moyen le plus difficile de

---

(1) J'emploie l'intuition pour certains faits, jusqu'à modifier la disposition typographique : il faudra donc lire souvent de bas en haut. Dans les méthodes ordinaires on se sert des mots, tonique, sous-médiante, médiante, sous-dominante, dominante, sus-dominante et sensible.
(2) *Bol* est préféré à *sol*, parce qu'on met dans l'emploi si fréquent des noms mnémoniques une articulation de plus, en supprimant un *s* qui se trouve déjà dans *si*; parce qu'on évite deux exceptions à deux règles générales relatives aux noms des sons intermédiaires. (*Voyez* les sons intermédiaires).

reproduire un air, aussi, généralement, doit-on *solfier* d'abord, puis *vocaliser*, avant de chanter.

Qu'est-ce que l'exécution?

L'*exécution* consiste à reproduire un air en agissant par un moteur quelconque sur la partie d'un instrument répondant respectivement à chaque son de l'air : le verbe *exécuter* exprime cette action.

3. NOMS NUMÉRIQUES.

Quels sont les noms numériques des éléments de la gamme?

Le 8ᵉ	»	8ᵉ degré.
Le 7ᵉ	»	7ᵉ degré.
Le 6ᵉ	»	6ᵉ degré.
Le 5ᵉ	»	5ᵉ degré.
Le 4ᵉ	»	4ᵉ degré.
Le 3ᵉ	»	3ᵉ degré.
Le 2ᵉ	»	2ᵉ degré.
Le 1ᵉʳ s'appelle		1ᵉʳ degré.

Comme mi fa et si do sont très-rapprochés, comparativement aux autres sons, on dit monter ou descendre d'un degré, d'un demi-degré, de deux degrés, de deux degrés et demi, etc. En général, le mot degré se dit plus particulièrement des signes de position de la portée.

4. — NOMS HARMONIQUES.

Quels sont les noms harmoniques des éléments de la gamme?

L'harmonie étant cette partie de l'art musical où l'on traite des règles qui régissent la reproduction simultanée de sons différents, cet art doit donner des noms particuliers à chaque son comparé à un son quelconque qu'on pourrait choisir comme la base d'une nouvelle gamme ou d'un nouvel accord, et qui porte alors le nom de prima-passager ou fondamental. Le son immédiatement supérieur ou inférieur s'appelle *second* ; le 3ᵉ au-dessus ou au-dessous, *troisième*; ainsi de suite jusqu'au 9ᵉ, 10ᵉ, 11ᵉ, 12ᵉ, etc.

Le nom harmonique varie beaucoup; c'est son rapport numérique avec un son pris arbitrairement pour point de départ ou de comparaison qui en détermine le nom.

III. — DES INTERVALLES (1).

Qu'est-ce qu'un intervalle?

Le son étant le produit d'un nombre de vibrations, quantité qu'il importe peu de connaître, le son plus aigu qu'un autre est donc produit par un nombre plus grand de vibrations : le son plus grave est donc produit par un nombre plus petit de vibrations. De la comparaison d'un son à un son plus aigu ou plus grave naît l'intervalle. Une échelle ordinaire est l'image d'une série de sons successifs : les barreaux rappellent les sons et la distance d'un barreau à un autre rappelle l'intervalle.

Dans une échelle ordinaire les barreaux sont à distances égales; mais la gamme ne présente pas cette régularité monotone comme on le verra bientôt.

L'intervalle est donc la différence qui existe entre deux sons produits par des nombres différents de vibrations, en d'autres termes, c'est la différence qui existe entre les deux nombres de vibrations produites par chacun des deux sons. Le mot intervalle signifie encore, la distance d'un son à un autre.

On peut déduire de cette définition que les intervalles sont innombrables; cependant les musiciens en ont déterminé plusieurs genres.

Quels sont les principaux genres d'intervalle?

L'intervalle de second (2).   L'intervalle de sixième.
L'intervalle de troisième.   L'intervalle de septième.
L'intervalle de quatrième.   L'intervalle de huitième.
L'intervalle de cinquième.   L'intervalle de 9ᵐᵉ, 10ᵐᵉ, 11ᵐᵉ, 12ᵐᵉ, etc.

En combien d'espèces les intervalles se divisent-ils?

Les genres d'intervalles se subdivisent généralement en quatre espèces, qui sont exprimées par les mots : *mineurs, majeurs, diminués et augmentés* (3).

Quels sont les petits et les grands intervalles de la gamme?

Dans la série des huit sons qui constitue la gamme majeure, il y a les petits intervalles et

---

(1) Le mot *ton* ayant dans le système usuel quatre ou cinq significations, en outre étant usité en dehors même de la musique, je l'ai complètement banni de mes théories; je dis : chanter dans telle ou telle gamme, etc.

(2) Dans les solfèges, on dit : *seconde, quarte, tierce, quinte, sixte, septième, octave*, neuvième, dixième, etc. Ces mots sont illogiques parce qu'ils sont féminins, tandis que le mot son est du masculin; puis ils ne sont pas uniformes dans leurs terminaisons.

(3) Je ne donne pas dans cet abrégé des détails sur ces quatre espèces d'intervalles qui intéressent plus le compositeur que le chanteur.

les grands intervalles : c'est à cette variété qu'on doit une des causes principales de la puissance de la mélodie, et surtout de l'harmonie.
Qu'est-ce qu'un petit intervalle ?
Le petit intervalle d'une gamme est celui dont les deux sons qui le limitent sont produits par des vibrations dont la différence est plus petite à peu près de la moitié de celles qui produisent les sons qui limitent le grand intervalle. La voix reproduit très aisément ces deux sons.
Combien y a-t-il de petits intervalles dans la gamme ?
Il y a deux petits intervalles dans la gamme majeure :
Le 1er se trouve du tierça au quarta, c'est-à-dire du *mi* au *fa*.
Le 2me, du septa au huitième, c'est-à-dire du *si* au *do*.
Qu'est-ce qu'un grand intervalle ?
Le grand intervalle d'une gamme est celui dont les deux sons qui les limitent, sont produits chacun par un nombre de vibrations, dont la différence est plus grande que dans ceux qui produisent les sons du petit intervalle : la voix les produit plus péniblement que ceux qui se rapportent au petit intervalle.
Combien y a-t-il de grands intervalles dans la gamme ?
Il y a cinq grands intervalles.
Le 5e du sixta au septa, ou du la au si.
Le 4e du quinta au sixta, ou du sol au la.
Le 3e du quarta au quinta, ou du fa au sol.
Le 2e du seconda au tierça, ou du rè au mi.
Le 1er se trouve du prima au seconda, ou du do au rè.
Faites la récapitulation des petits et des grands intervalles d'une gamme.
Voici, comme récapitulation, le tableau de de ces intervalles. (Lisez de bas en haut).
Du si au do, petit intervalle.
Du la au si, grand intervalle.
Du sol au la, grand intervalle.
Du fa au sol, grand intervalle.
Du mi au fa, petit intervalle.
Du rè au mi, grand intervalle.
Du do au rè, grand intervalle.

IV. — DU DIAPASON.

Le diapason est un petit instrument sonore qui donne, par l'action de l'homme, un son qu'on appelle *la* ; il est aux sons ce qu'est le thermomètre à l'air ; dans le langage musical, on dit : ce chanteur fait le huitième aigu ou grave du diapason, ou le cinquième, quatrième son, etc., aigu ou grave du diapason. Il est à peu près connu dans tous les pays où la musique est cultivée. On s'en sert : 1° pour mettre à l'octave ou à l'unisson d'un instrument le *la* réel ou fictif de tous les instruments de musique ; 2° pour produire le premier son d'un chant à une élévation relative à l'étendue de la voix du chanteur ; privé de ce moyen il est exposé à commencer trop haut ou trop bas, conséquemment à dénaturer la mélodie en sortant de la gamme primitive, ou en produisant certains sons un peu plus haut ou un peu plus bas que le comporte la mélodie écrite, en un mot, en *chantant faux*. Ce son doit être gravé dans la mémoire de telle manière qu'on puisse faire le *la* diapason sans l'instrument qui le produit, vu qu'on peut en être privé.

V. — DU DIAGRAMME OU DE L'ÉCHELLE MÉLODIQUE.

Qu'est-ce que le diagramme ?
Les sous générateurs étant bien compris ; l'image de la gamme naturelle étant bien gravée dans l'imagination, il sera facile de comprendre un des faits les plus importants de la musique, qui est l'échelle mélodique ou diagramme général. La connaissance de ce fait complexe facilitera l'intelligence de la théorie musicale et en particulier celle des instruments de musique.
L'échelle mélodique est le point de ralliement de tous les musiciens, chanteurs ou instrumentistes, c'est le terrain commun où ils se rencontrent tous. Le bon musicien connaît parfaitement les rapports de tous les éléments d'un orchestre avec l'échelle mélodique : sans cette connaissance, une exécution musicale compliquée est un véritable dédale.
Le *diagramme* est donc la série de tous les sons produits par les voix et les instruments de musique ; elle se compose donc d'une succession de gammes placées les unes au-dessus et les autres au-dessous d'une gamme fixe dont le *la* est à l'unisson du diapason. On prend comme terme de comparaison la gamme la plus connue, celle que toutes les voix produisent ainsi que la plupart des instruments ; les autres gammes perdent de leur harmonie en raison directe

de leur éloignement de la gamme du diapason : de là on peut conclure que la 6e gamme et la 1re du piano, par exemple, ont beaucoup moins de valeur que les autres.

Pour donner une idée de l'importance de cette nouvelle manière de présenter un fait complexe si important, je vais donner l'étendue de quelques instruments. Les *pianos* fabriqués vers 1822 ont généralement six gammes; les pianos modernes font depuis le *do* de la 1re gamme jusqu'au *do* octave de la 6e, plus les 3/4 d'une autre gamme et quelquefois même une gamme de plus, c'est-à-dire sept. Mais si le piano est un des instruments les plus étendus, il a l'inconvénient grave de confondre les dièses avec les bémols, sons produits par des nombres de vibrations différents; ainsi au lieu de dix sons intermédiaires que renferment implicitement les gammes, cet instrument imparfait n'en donne que cinq. (fig. A.)

VI. — DE LA PORTÉE.

Qu'est-ce que la portée?

La portée est la réunion de cinq lignes parallèles placées à des distances égales les unes des autres, sur lesquelles les compositeurs placent les têtes des chiffres rhythmiques à une élévation à peu près proportionnelle à la place qu'elles occupent dans le diagramme.

La portée sert : 1° à peindre aux yeux en quelque sorte l'acuité ou la gravité des sons par la distance perpendiculaire qui existe entre la tête des chiffres. Elle est donc le signe intuitif du son qui monte ou qui descend ; c'est une véritable échelle vocale et instrumentale ; elle est d'un puissant secours pour le chanteur et surtout pour l'instrumentiste ; 2° à frapper l'œil par la disposition bizarre des chiffres ainsi placés, ce qui éveille les souvenirs de l'oreille, et facilite étonnamment la lecture musicale ; 3° à exprimer d'une manière claire et explicite tous les éléments successifs du diagramme, lesquels conservent toujours sur la portée la même position ; de cette façon le musicien sait toujours à quel degré du diagramme appartient le son qu'il reproduit.

Elle exprime donc par des positions fixes, immuables, les sons donnés par les positions fixes, immuables d'un instrument quelconque. (fig. B.)

VII. — DES CLEFS.

Qu'est-ce qu'une clef?

Une clef est un signe qu'on place au commencement de la portée, et dont la partie caractéristique détermine une position linéaire, laquelle exprime le son annoncé par le nom de la clef. Le but de ce signe est d'éviter les lignes supplémentaires et de faciliter la solmisation monogammique. Il y a sept clefs, c'est-à-dire autant qu'il y a de sons naturels dans la gamme?

Donnez la liste des sept clefs.

La clef de bol, 2me ligne..... (voyez figure C.)

Déterminez le rôle de chacune des sept clefs.

Pour déterminer le rôle de chaque clef, nous allons prendre le *do* prima de la gamme du diapason, et conséquemment sixième grave de *la* diapason. (fig. C.)

Le do prima de la gamme du diapason est exprimé :
Sur la portée armée de la clef de BOL, — par la 1re ligne supplémentaire grave.
Sur la portée armée de la clef de DO 1re ligne, — par la 1re ligne de la portée.
Sur la portée armée de la clef de DO 2me ligne, — par la 2me ligne.
Sur la portée armée de la clef de DO 3me ligne, — par la 3me ligne.
Sur la portée armée de la clef de DO 4me ligne, — par la 4me ligne.
Sur la portée armée de la clef de FA 3me ligne, — par la 5me ligne.
Sur la portée armée de la clef de FA 4me ligne, — par la 1re ligne supplémentaire aiguë.

Quelle est la loi de succession des sons?

Dans la théorie musicale il y a un ordre invariable dans la suite des sons, comme dans la langue française il y a dans les lettres l'ordre alphabétique. Cette suite de sons s'appelle : *la loi de succession des sons*. Conformément à cette loi, après le *do*, par exemple, vient le *ré* en montant; après le *mi*, le *fa*, etc. Sur la portée, ces sons sont exprimés aussi par des signes de position qui se suivent.

La conséquence de cette règle, c'est que, la clef déterminant que telle position exprime tel ou tel son, les positions au-dessus ou au-dessous de ce point de départ se comptent à partir de cette première position.

Ainsi, par exemple, la partie caractéristique de la clef de *bol* se trouve sur la 2me ligne ; donc cette ligne exprime le bol, donc le *la* est exprimé par l'interligne au-dessus ; le *si*, par la 3me ligne, etc., etc. La partie caractéristique de la clef de *do* 1re ligne, se trouve sur la 1re ligne, donc cette ligne exprime un *do*, l'interligne au-dessous exprime un *si*, etc., l'interligne au-dessus exprime un *ré*, etc. Il en est de même des cinq autres clefs.

Comment exprime-t-on les sons?

Les sons sont exprimés par les positions linéaires et interlinéaires données par la portée et déterminées par la tête des chiffres rhythmiques. Le corps de la portée armée de la clef de bol exprime généralement la gamme du diapason et quelques sons graves ou aigus qui l'avoisinent. La clef de *bol* (sol) étant la plus usitée, nous allons énumérer les signes de positions que donne la portée armée de ce signe.

On sait déjà que la musique se compose de sept sons naturels, exprimés dans la solmisation par *do ré mi fa bol la si do*. La 2me ligne de la portée exprime le bol 2me grave de *la* diapason, qui se trouve exprimé par l'interligne au-dessus. D'après la loi de la succession des sons, si l'on descend vers le grave, on trouve bol fa mi ré do : le dernier exprime le prima de la gamme de *do*, appelée aussi gamme du diapason. (fig. B.)

Donnez les signes de position de la gamme de do *majeur?*

Le *do* de la gamme du diapason, la 5me du diagramme, est exprimé par la 1re ligne supplémentaire au-dessous de la portée ; le *ré*, par le 1er interligne ; le *mi*, par la 1re ligne ; le *fa*, par le 2me interligne ; le *bol*, par la 2me ligne ; le *la*, par le 3me interligne ; le *si*, par la 4me ligne ; et le *do* prima huitième, par le 4me interligne.

Quelles sont les positions au-dessus du do *huitième?*

Le prima-huitième est le dernier son de la gamme du diapason et le premier d'une gamme plus élevée.

Le prima-huitième est donc exprimé, comme on vient de le dire, par le 4me interligne ; le ré aigu, par la 4me ligne ; le *mi* aigu, par le 5me interligne ; le *fa* aigu, par la 5me ligne ; le *bol* aigu, par le 6me interligne ; le *la* aigu, par la 1re ligne supplémentaire ; le *si*, par l'interligne au-dessus ; le *do*, par la 2me ligne supplémentaire. Les sons encore plus aigus que les précédents sont successivement exprimés par des lignes supplémentaires et les interlignes qu'elles peuvent former.

Donnez les positions au-dessous du do *prima?*

Nous avons dit que le *do* prima est exprimé par la 1re ligne supplémentaire sous la portée ; donc, le *si* grave est exprimé par l'interligne au-dessous de la 1re ligne supplémentaire ; le *la* par la 2me ligne supplémentaire ; et le *bol* par l'interligne au-dessous de la 2me ligne supplémentaire ; les autres, encore plus graves, peuvent être exprimés par d'autres lignes supplémentaires et par les interlignes qu'elles forment.

Que fait-on pour éviter une trop grande quantité de lignes supplémentaires?

Pour éviter une trop grande quantité de lignes supplémentaires dans la partie supérieure de la portée, on écrit au-dessus du fragment le mot *octava aigu*, ce qui veut dire que les sons qui le composent doivent être élevés de huit degrés ; pour éviter une trop grande quantité de lignes supplémentaires dans la partie supérieure de la portée, on écrit au-dessous du fragment : *octava au grave*, ce qui veut dire que les sons qui le composent doivent être descendus de huit degrés.

On emploie aussi pour éviter les lignes supplémentaires, au-dessous de la portée, une clef nouvelle, laquelle descend, non pas les sons, mais la tête des chiffres rhythmiques qui déterminent les positions : ces changements sont très rares.

VIII. — DES DIX SONS INTERMÉDIAIRES.

Qu'est-ce que les sons intermédiaires?

Les sons intermédiaires, appelés aussi accidentels, sont ceux qui sont placés dans les grands intervalles ; ils doivent leur existence à une position accidentelle de l'âme qui, pour donner plus de force à la mélodie, bannit de la gamme des sons générateurs pour les remplacer par des sons différents, lesquels appartiennent à une gamme nouvelle dont les éléments dans un air sont plus ou moins nombreux. L'existence des sons accidentels augmente les petits intervalles de la gamme.

Combien y a-t-il d'espèces de sons intermédiaires?

La gamme, avons-nous déjà dit, renferme cinq grands intervalles ; chacun d'eux peut recevoir deux sons intermédiaires, l'un très-rapproché du son aigu, et l'autre, du son grave, ce qui donne deux espèces de sons intermédiaires, dont les uns s'appellent dièses et les autres bémols.

DES DIÈSES.

Qu'est-ce que le dièse?

Le dièse est un son intermédiaire étroitement lié au son successif aigu, réel ou fictif, avec lequel il a des rapports de proximité et de tendance et duquel il est séparé par un petit intervalle : la voix qui le reproduit a généralement une grande tendance à faire le son *aigu*.

Comment s'exprime le dièse? (fig. D.)

Le dièse est exprimé par la même position que le son naturel qu'il remplace, affecté accidentellement d'un signe qui se compose de quatre lignes, lesquelles se coupent obliquement et se placent avant la tête du chiffre rhythmique.

Il est annoncé, mais rarement, par une petite croix qu'on appelle double-dièse : dans ce cas, il se trouve généralement un dièse à l'armure. Son nom mnémonique est celui du son remplacé qu'on modifie en mettant après l'initiale un i.

Combien y a-t-il de dièses?
Les dièses sont au nombre de cinq, qui sont : *di, ri, fi, bi, li,* mots dérivés respectivement de *do, ré, fa, bol, la.*

DES BÉMOLS.

Qu'est-ce que le bémol?
Le bémol est un son intermédiaire étroitement lié au son successif grave, réel ou fictif, avec lequel il a des rapports de proximité et de tendance, et duquel il est séparé par un petit intervalle. La voix qui le produit a une tendance prononcée à faire le son *grave.*
Comment exprime-t-on le bémol? (fig. D.)
Le bémol est exprimé par la même position que le son naturel qu'il remplace, affectée accidentellement d'un signe qui ressemble au b, lequel se place avant la tête du chiffre rhythmique.
Il est annoncé, mais rarement, par deux bémols qui se touchent et lesquels portent le nom de double-bémol; dans ce cas, généralement il se trouve déjà un bémol à l'armure. Le nom mnémonique est celui du son générateur qu'il remplace, qu'on modifie en mettant après l'initiale un *e muet.*
Combien y a-t-il de bémols?
Il y a cinq espèces de bémols, qui sont *re, me, be, le, se,* dérivés de *ré, mi, bol, la, si.*

TABLEAU DES DIÈSES ET DES BÉMOLS.

Donnez le tableau des dièses et des bémols accidentels de la gamme de do. (*Lisez* : *do, re, etc.*) (fig. E.)

	DO
	SI
	LI
SE	
	LA
	BI
LE	
	BOL
	FI
BE	
	FA
	MI
	RI
ME	
	RÉ
	DI
RE	
	DO

Nota. — 1° L'éloignement perpendiculaire du mot dérivé à un mot générateur est en rapport, à peu de chose près, avec le degré de proximité des deux sons qu'ils expriment;
2° Le son générateur le plus rapproché du son accidentel est attractif de celui-ci.

IX. — DE LA GAMME MAJEURE ET DE LA MINEURE (1).

Combien y a-t-il de genres de gammes?
Les gammes, considérées relativement à la place où se trouvent les petits intervalles, se divisent en deux genres : la *gamme majeure* et la *gamme mineure.*
Qu'est-ce qu'une gamme majeure?
La gamme majeure est celle où les petits intervalles se trouvent du tierça au quarta et du septa au prima huitième : tout ce qui a été dit précédemment se rapporte principalement à ce genre de gamme.
Qu'est-ce qu'une gamme mineure?
La gamme mineure est une série de huit sons, renfermant, comme la gamme majeure, cinq grands intervalles et deux petits, qui se trouvent du seconda au tierça; et l'autre, du quinta au sixta. Cette gamme a souvent un dièse qui remplace le septa, lequel se fait très-facilement, surtout en montant, tandis qu'en descendant, généralement il disparaît.
Cette gamme est identique au fragment de la gamme majeure, *la, si, do, ré, mi, fa, bol, la*; donc en le reproduisant on fait la gamme mineure.
Elle est appelée mineure parce que l'intervalle du prima au tierça est plus petit que dans la gamme majeure; donc, le mot majeur en musique signifie *plus petit.*
On dit chanter, jouer, en majeur, en mineur, ce qui veut dire reproduire un air composé des éléments d'une gamme majeure ou d'une gamme mineure.

---

(1) Je bannis de la nouvelle théorie le mot *mode* qui ne sert qu'à augmenter la liste des mots de luxe. On dit chanter, jouer en majeur ou en mineur; la gamme majeure, la gamme mineure.

TABLEAU DE LA GAMME MINEURE AVEC LES DIX SONS ACCIDENTELS AUXQUELS ELLE DONNE NAISSANCE ET DES DIX-SEPT NOMS MNÉMONIQUES.

Donnez la liste des sons naturels de la gamme mineure et des sons accidentels auxquels ils donnent naissance.

			RAPPORTS ENTRE LA GAMME MAJEURE ET LA MINEURE.
	LA		*Quels sont les rapports qui existent entre la gamme majeure et la mineure?*
		BI	Si l'on compare la gamme majeure à la mineure, on trouve qu'elles ont :
LE			1. le même nombre de sons;
	BOL		2. deux petits intervalles;
		FE	3. cinq grands intervalles;
BE			4. cinq dièses entre les grands intervalles;
	FA		5. cinq bémols entre les grands intervalles;
	MI		6. les mêmes noms gammiques, prima, seconda; etc.
		RI	7. En outre de ce qui précède, on trouve que les noms mnémoniques des cinq dièses sont terminés par un *i*.
ME			
	RÈ		
		DI	8. Les noms mnémoniques des cinq bémols sont terminés par un *e* muet.
RE			9. La plupart des accords résultant des éléments de la gamme mineure portent respectivement le même nom que ceux de la gamme majeure et produisent relativement des effets semblables.
	DO		
	SI		
		LI	10. La plupart des modulations prolongées et passagères de la gamme mineure correspondent exactement et respectivement aux modulations de la gamme majeure.
SE			
	LA		

X. — SÉRIE CHROMATIQUE.

Qu'est-ce qu'une série chromatique?
Si l'on reproduit successivement les sons générateurs et les dièses, on fait une *série chromatique par dièses;* donc une série chromatique par dièses est une succession de huit sons générateurs et des cinq dièses auxquels ils donnent naissance. (fig. F.)
Si l'on reproduit successivement les sons générateurs et les bémols, on fera encore une *série chromatique par bémols;* donc, une série chromatique par bémols est une succession de huit sons générateurs et des cinq bémols auxquels ils donnent naissance (fig. G.)

XI. — SÉRIE ENHARMONIQUE.

Qu'est-ce qu'une série enharmonique?
Si l'on reproduit successivement les huit sons générateurs, les dièses et les bémols, on fera une série *enharmonique;* donc, une série enharmonique est une succession de huit sons générateurs accompagnés de cinq dièses et de cinq bémols, se composant, en tout, de dix-sept sons. (fig. E.)

Quelles observations faites-vous sur les séries chromatiques et enharmoniques?
Nota: 1. Les séries chromatiques et enharmoniques ne sont généralement en usage dans toute leur étendue que dans quelques instruments; dans les chants elles ne se présentent que par fragments.
2. Les séries qui précèdent existent aussi avec les éléments de la gamme mineure.

XII. — DES MODULATIONS.

Qu'est-ce qu'une modulation?
Le mot *modulation* signifie action de moduler. *Moduler,* c'est passer d'une gamme majeure ou mineure à une gamme majeure ou mineure, en prenant pour prima un son générateur ou intermédiaire autre que le prima de la gamme précédente; par là on change le rôle de tous les sons de cette gamme qui entrent dans la nouvelle. On dit donc : 1° *Moduler en majeur,* ou passer d'une gamme mineure à une majeure ; 2° *moduler en mineur* ou passer d'une gamme majeure à une mineure ; 3° *moduler du majeur au majeur ;* 4° *du mineur au mineur.*
Le but de la modulation est de donner plus de charme, plus de puissance à la mélodie.

Qu'est-ce que les gammes sympathiques?
Les gammes sympathiques sont celles qui renferment le plus grand nombre des sons de la gamme précédente; le musicien module donc plus facilement avec ces gammes qu'avec les autres : la difficulté des modulations étant en raison directe du nombre de sons intermédiaires qui entrent dans la nouvelle gamme. Ainsi, en partant de la gamme majeure, gamme de *bol* majeur, celle de *fa* majeur ne renfermant qu'un son intermédiaire, et celle de *la* mineur, sont celles avec lesquelles on module le plus facilement ; en partant de la gamme mineure,

les gammes de *bol* mineur, de *fa* mineur et de *me* majeur, sont celles avec lesquelles on module le plus facilement.

Quel est le meilleur moyen de vaincre les difficultés des modulations?

Le moyen de vaincre la difficulté des modulations, consiste à s'identifier par la pensée, et dès l'apparition du premier son de la gamme nouvelle, avec cette même gamme, en reproduisant instantanément le prima, le tierça, le quinta et le prima-huitième.

XIII. — DES DIX-SEPT ESPÈCES DE GAMMES MAJEURES ET DES DIX-SEPT MINEURES.

Comment sont formées les différentes espèces de gammes?

Le prima étant déterminé par un nombre quelconque de vibrations, tous les autres sons, comme il a été déjà dit, sont produits chacun par un nombre de vibrations conservant constamment avec le prima le même rapport; ainsi, si le prima monte de 1, 2, 3, etc., degrés, ou demi-degrés, le seconda monte de 1, 2, 3, etc., degrés; il en est de même du tierça, du quarta, du quinta, du sixta, du septa et du huitième. Si le premier son de l'air *Au clair de la lune*, qui est précisément le prima de la gamme dont cet air est formé, était produit successivement par cent nombres différents de vibrations, on aurait toujours le même air. De là on doit conclure qu'il y a dans la nature autant de gammes que de primas : elles sont aussi nombreuses que les feuilles qui ornent nos arbres, que les nuances des couleurs.

Mais la musique se compose aussi d'instruments dont les sons sont fixés, c'est-à-dire que le nombre des vibrations qui les reproduisent sont toujours les mêmes, au moins au point de vue de la théorie, et surtout si l'instrument est bien accordé au diapason.

On doit donc distinguer parmi ces milliers de gammes, celles qui sont données par les instruments les plus connus et conséquemment celles auxquelles les voix doivent s'habituer.

Combien y a-t-il d'espèces de gammes?

Il existe, avons-nous dit, dix-sept primordiaux, qui sont exprimés par sept monosyllabes primorchaux, et dix dérivés. Voici le tableau de ces diverses gammes.

17ᵉ Gamme de SI, majeure ou mineure (2).
16ᵉ Gamme de LI, majeure ou mineure.
15ᵉ Gamme de SE, majeure ou mineure.
14ᵉ Gamme de LA, majeure ou mineure.
13ᵉ Gamme de BI, majeure ou mineure.
12ᵉ Gamme de LE, majeure ou mineure.
11ᵉ Gamme de BOL, majeure ou mineure.
10ᵉ Gamme de FI, majeure ou mineure.
9ᵉ Gamme de BE, majeure ou mineure.
8ᵉ Gamme de FA, majeure ou mineure.
7ᵉ Gamme de MI, majeure ou mineure.
6ᵉ Gamme de RI, majeure ou mineure.
5ᵉ Gamme de ME, majeure ou mineure.
4ᵉ Gamme de RÈ, majeure ou mineure.
3ᵉ Gamme de DI, majeure ou mineure.
2ᵉ Gamme de RE, majeure ou mineure.
1ʳᵉ Gamme de DO, majeure ou mineure (1).

Quand le chanteur est obligé de subir la loi de l'immutabilité des sons d'un instrument accordé au diapason, ou quand il rattache au diapason le prima de la gamme qui forme l'air qu'il veut reproduire, il ne chante que dans l'une de ces 34 gammes.

DE L'ARMURE.

Qu'est-ce que l'armure?

L'armure est le nombre de dièses ou de bémols qui composent les sons générateurs d'une gamme.

Quelle que soit l'armure, dans les gammes majeures, les petits intervalles se trouvent du tierça au quarta et du septa au huitième, et dans les gammes mineures, du seconda au tierça et du quinta au sixta; on doit se rappeler que, très souvent, du septa au huitième, il y a un petit intervalle formé par un dièse. (fig. H.)

Comment se divisent les gammes au point de vue de l'armure?

Les 34 gammes considérées au point de vue de l'armure se divisent en gammes naturelles et artificielles. Les gammes naturelles sont celles qui n'ont pas d'armure; ce sont : *do* majeur et *la* mineur. Les gammes artificielles sont celles qui ont une armure; elles sont au nombre

---

(1) Les gammes majeures, *ri*, *bi*, *li* et leurs sympathiques mineures sont inusitées.
(2) Il faut ajouter aux 34 gammes celle de *dc*, identique sur les instruments à clavier à celle de *si*.

de 32 : di, re, rè, ri, etc. Toutes les gammes sont artificielles, excepté do majeur et la mineur. Elles se divisent en deux classes : les gammes à dièses et les gammes à bémols.

GAMMES MAJEURES A DIÈSES.

Comment se placent les dièses de l'armure?
Les dièses permanents sont placés respectivement à des intervalles de cinquième en montant. Exemple : si l'armure se compose de trois dièses, le 1er est *fi*, le 2me *di*, cinquième *aigu* de *fi*, et le 3me bi, cinquième *aigu* de *di*.

Quel est l'ordre naturel des gammes à dièses?
L'ordre naturel des gammes à dièses est basé sur leur rapport sympathique. Ce rapport existe quand les primas des deux gammes sont à un intervalle majeur de cinquième.

Quelle est l'espèce de son du prima des gammes à dièses?
Toutes les gammes à dièses ont pour prima un son générateur, excepté fi et di.

GAMMES MAJEURES A BÉMOLS.

Comment se placent les bémols de l'armure?
Les bémols permanents sont placés respectivement à des intervalles de cinquième en descendant. Exemple : si l'armure se compose de trois bémols, le 1er est *se*, le 2me *me*, cinquième *grave* de *se*, et le 3me *le*, cinquième *grave* de *me*.

Quel est l'ordre naturel des gammes à bémols?
L'ordre naturel des gammes à bémols est basé sur leur rapport sympathique. Ce rapport existe quand les primas de deux gammes sont à un intervalle majeur de cinquième en descendant.

Quel est l'espèce de son du prima des gammes à bémols?
Toutes les gammes à bémols ont pour prima un bémol, excepté celle de fa.

DES MOTS D'ARMURE.

Qu'est-ce qu'un mot d'armure?
Le mot d'armure est un mot qui se compose de monosyllabes mnémoniques exprimant tout à la fois l'espèce de gamme et les sons intermédiaires qui la composent. Le premier monosyllabe exprime l'espèce, et les autres, les dièses et les bémols permanents. (fig. H.)

Règle générale. — La première syllabe exprime l'espèce de gamme et conséquemment le prima, et les autres les sons intermédiaires qui la constituent, et qui forment conséquemment l'armure.

En connaissant le plus grand mot, lequel porte le numéro 7, on apprendra très-facilement les six plus petits, puisque tous les monosyllabes constituant l'armure sont toujours dans le même ordre.

Nommez les gammes sans armure. Les gammes, etc...., sont, etc., (voyez le tableau).
Récitez les gammes à dièses avec leurs mots d'armure.
Récitez les gammes à bémols avec les mots d'armure.

Gamme à sept dièses,	7. di	—	fi di bi ri li mi si.
Gamme à six dièses,	6. fi	—	fi di bi ri li mi.
Gamme à cinq dièses,	5. si	—	fi di bi ri li.
Gamme à quatre dièses,	4. mi	—	fi di bi ri.
Gamme à trois dièses,	3. la	—	fi di bi.
Gamme à deux dièses,	2. rè	—	fi di.
Gamme à un dièse,	1. bol	—	fi.
Gamme sans armure,	do.		et la majeur et la mineur.
Gamme à un bémol,	1. fa	—	se.
Gamme à deux bémols,	2. se	—	se me.
Gamme à trois bémols,	3. me	—	se me le.
Gamme à quatre bémols,	4. le	—	se me le re.
Gamme à cinq bémols,	5. re	—	se me le re be.
Gamme à six bémols,	6. be	—	se me le re be de.
Gamme à sept bémols,	7. de	—	se me le re be de fe.

Quelle est l'armure des gammes mineures?
La gamme mineure a pour armure celle de la gamme majeure qui lui est sympathique, c'est-à-dire celle dont le prima est un troisième mineur au-dessous du prima majeur. Ainsi pour avoir le prima d'une gamme mineure et son armure, il suffira de descendre d'un troisième mineur à partir de chaque prima majeur. Exemple : *la* est prima de *la* majeur, donc le prima mineur est *fi ;* donc le mot fi-fidibi donne l'espèce de gamme et son armure.

Quelles sont les gammes inusitées ?

Du tableau qui précède il faut conclure que les gammes majeures et leurs sympathiques mineures *ri, bi, li,* ne sont pas pratiquées par les instruments ; elles n'existent pas non plus pour la vocale, au moins au point de vue théorique, parce que les compositeurs ont pris pour règle d'écrire tout à la fois pour la voix et pour les instruments.

SOLMISATION DES GAMMES.

Comment se divisent les gammes artificielles au point de vue de la solmisation ?

Les gammes artificielles au point de vue de la solmisation se divisent en sept groupes, qui portent chacun le nom de gammes homonymes.

Qu'est-ce que des gammes homonymes ?

Les gammes homonymes sont des gammes à primas différents, mais dont tous les éléments sont respectivement représentés par les mêmes signes de position. Elles ne diffèrent entre elles que d'un demi-degré ou d'un degré, comme *de, do, di ; re, ré, ri,* etc. ; dans la solmisation elles sont représentées par la même série monosyllabique.

Combien y a-t-il de groupes de gammes homonymes ?

Il y a sept groupes de gammes homonymes, qui sont *de do di, re ré ri, me mi, fu fi, be bol bi, le la li, se si.*

Quelles sont les sept séries monosyllabiques que représentent les gammes homonymes ?

Le 1er groupe des gammes homonymes est représenté par *do ré mi fa bol la si do ;* le 2me, par *ré mi fa bol la si do ré ;* le 3me, par *mi fa bol la si do ré mi ;* le 4me, par *fa bol la si do ré mi fa ;* le 5me, par *bol la si do ré mi fa bol ;* le 6me, par *la si do ré mi fa bol la ;* et le 7me, par *si do ré mi fa bol la si.*

RECONNAISSANCE DU PRIMA DE TOUTES LES GAMMES MAJEURES.

Comment reconnaît-on le prima des gammes à dièses ?

Le dernier dièse d'une gamme majeure à dièses est toujours septa ; donc, le prima ou son huitième est le deuxième aigu du dernier dièse de l'armure. Il suffit donc de monter diatoniquement à partir de ce dernier son jusqu'au 2me degré, pour le trouver.

Comment reconnaît-on le prima des gammes à bémols ?

Le dernier bémol d'une gamme majeure à bémols est toujours quarta, donc, le prima ou son huitième est le 4me degré grave du dernier bémol de l'armure ; il suffit donc de descendre diatoniquement à partir du dernier bémol jusqu'au 4me degré.

RECONNAISSANCE DES SEPT ÉLÉMENTS DE TOUTES LES GAMMES MAJEURES.

Quel est le prima (le seconda, le tierça, etc.) des gammes dont le prima commence par un d (de, do, di) (un r, un m, un f, un b, un l ou un s) ? (1).

RECONNAISSANCE DES PETITS INTERVALLES DES GAMMES MAJEURES.

Où se trouve le 1er intervalle (le 2me petit intervalle) des gammes dont le prima commence par un d (un r, etc.) ? (1).

RECONNAISSANCE DES PETITS INTERVALLES DES GAMMES MINEURES.

Où se trouve le 1er petit intervalle (le 2me petit intervalle) des gammes mineures dont le prima commence par un d (un r, etc.) ? (2).

RECONNAISSANCE DES SONS HARMONIQUES DE TOUTES LES GAMMES.

Quels sont les sons harmoniques d'une gamme majeure ou mineure ?

Les sons harmoniques d'une gamme majeure ou mineure se composent du prima, du tierça, du quinta et du prima huitième. Ces 4 sons forment le fragment mélodique le plus facile à chanter. En le reproduisant, le musicien s'identifie plus facilement avec la gamme dont ils font partie.

Reproduisez les sons harmoniques des gammes majeures (mineures) dont le prima commence par un d (un r, etc.). (2).

DE LA TRANSPOSITION.

Qu'est-ce que la transposition ?

La transposition est l'art de traduire un air dans une gamme autre que celle dans laquelle il est écrit.

---

(1) Cette demande peut avoir 49 formes, conséquemment, 49 réponses.
(2) Cette demande peut avoir 14 formes, conséquemment, 14 réponses.

Il y a deux espèces de transposition.

Qu'est-ce que la transposition improvisée ?

La transposition improvisée consiste à reproduire, par la solmisation, ou avec un instrument, un air dans une gamme autre que celle avec laquelle il est écrit.

Le chanteur doit être un habile musicien pour traduire ainsi un air; cette transposition est pratiquée par les personnes qui, connaissant les différentes clefs, préfèrent employer dans la solmisation des airs majeurs, la seule série : do ré mi fa sol la si do, que de lutter contre les difficultés effrayantes de la variété des séries monosyllabiques.

L'instrumentiste, et surtout celui qui accompagne le chant, est forcé de transposer très souvent, soit parce que l'air peut être trop élevé ou trop haut pour le chanteur; ou, parce que l'air écrit particulièrement pour un instrument est reproduit par un autre.

Qu'est-ce que la transposition écrite ?

La transposition écrite consiste à écrire un air dans une gamme quelconque, mais différente à celle avec laquelle il existe. Ce travail se présente sans cesse dans la pratique de la musique; un morceau trop haut ou trop bas, écrit dans une gamme à armure très compliquée, ou écrit pour tel instrument et non pour tel autre, doit être écrit dans une autre gamme, pour la facilité du chanteur ou de l'instrumentiste.

La transposition écrite a des règles qu'un musicien doit connaître.

Quelles sont les règles de la transposition écrite ?

Les règles de la traduction sont toutes mécaniques; l'art n'y est pour rien, ce n'est qu'une question de mémoire.

Pour transposer graphiquement un air, il faut savoir :

1° Le prima de la nouvelle gamme;

2° Le nombre de sons intermédiaires qui entrent dans la nouvelle gamme, en d'autres termes, le nombre de dièses ou de bémols qui composent l'armure;

3° Il faudra écrire au commencement de la portée l'armure, en écrivant d'abord le 1er signe, puis le 2me; etc., en se conformant à la loi de la succession des sons intermédiaires dans l'armure;

4° Il faudra calculer le nombre de degrés qui existent entre le prima de l'air et celui de la nouvelle gamme, si ces primas ne sont pas exprimés par le même degré, ce qui dans ce cas, est rare. Si le prima de la nouvelle gamme monte ou descend de 1, 2, 3, etc., degrés, tous les sons descendent ou montent du même nombre de degrés; donc, la tête des chiffres monte ou descend de 1, 2, 3, etc., degrés;

5° Les dièses et les bémols accidentels sont descendus ou montés du même nombre de degrés que les autres sons; souvent le double-dièse et le double-bémol considérés comme signes graphiques, servent à le traduire; ceci a lieu lorsque le son accidentel est exprimé par un degré ayant un son intermédiaire à l'armure.

6° Dans les gammes à dièses, le bécarre détruisant un dièse, est exprimé dans la nouvelle gamme par un bémol;

7° Dans les gammes à bémols, le bécarre détruisant un bémol, est exprimé dans la nouvelle gamme par un dièse;

8° Le bécarre ou le double-bécarre détruisant un dièse, ou un double-dièse, un bémol ou un double-bémol accidentels, existe dans la nouvelle gamme, comme bécarre ou double bécarre. Cette règle, relative à un fait difficile à comprendre a besoin d'un corollaire. Lorsque le dièse ou le bémol simples ou doubles existeront, il faut s'assurer si dans la gamme nouvelle le son correspondant à celui qui se trouve affecté du signe accidentel, conserve, avec le deuxième aigu ou grave, le même intervalle; s'il est mineur dans la gamme primitive, il doit l'être dans la nouvelle gamme, etc.

XIV. — DES AGRÉMENTS PHONIQUES (1).

(Voyez à la fin du solfège).

Qu'entendez-vous par agréments phoniques ?

Un son et un fragment mélodique peuvent recevoir certaines modifications qui ne touchent pas à l'essence de la mélodie. Ces sortes d'agréments sont la conséquence du progrès qu'amène toujours la pratique d'un art. Bien souvent les compositeurs négligent les signes qui les expriment, alors les musiciens doivent avoir assez de goût, et bien connaître l'art musical, s'ils veulent rendre exactement la pensée de l'auteur.

En outre, un ou plusieurs sons accessoires peuvent précéder ou suivre un son constitutif, pour enrichir et embellir la mélodie. La physionomie et quelquefois le geste, jouent un rôle important dans la reproduction d'un chant.

---

(1) J'ai la certitude que les musiciens éclairés qui savent combien cette partie, *les agréments du chant*, est mal présentée dans les solfèges, me sauront gré d'avoir traité cette matière si délicate de manière à arriver promptement à l'intelligence et à la mémoire des élèves.

Le but de ces agréments phoniques est de varier en détruisant la monotonie, de peindre avec plus de vigueur ou de grâce un sentiment de l'âme.

Comment se divisent les agréments phoniques ?

Les agréments phoniques se divisent en trois classes : les *nuances phoniques*, les *sons d'agrément* et les *expressions morales*.

1. — NUANCES PHONIQUES.

Qu'est-ce que les nuances phoniques ?

Les nuances phoniques sont les différentes manières d'émettre le son : la quantité d'air sorti lentement ou précipitamment des poumons, et la disposition des organes vocaux produisent les nuances.

Comment se divisent les nuances phoniques ?

L'émission du son, comparée à l'émission d'un autre son, peut avoir des rapports d'isolement ou de liaison, c'est-à-dire qu'elle peut être saccadée, articulée, liée, de là, *rapport de l'émission*.

L'émission du son peut être plus ou moins forte, de là, *intensité de l'émission*.

L'intensité du son peut s'accroître ou diminuer progressivement, de là, *intensité progressive de l'émission*.

L'émission peut être claire ou sombre, de là, *timbre de l'émission*.

Pour exprimer les nuances phoniques on emploie les initiales des mots qui les expriment, qu'on place au-dessus ou au-dessous du son.

Si la nuance s'étend sur un fragment mélodique, les initiales doivent être suivies généralement de points qui en déterminent la longueur.

Quels sont les mots qui expriment les rapports de l'émission ?

a. Rapport de l'émission.

L'émission du son peut être :
- Très-articulée . . . Stacatissimo.
- Bien articulée . . . Staccato.
- Articulée. . . . . . Articolato.
- LIÉE . . . . LEGANDO.
- Bien liée. . . . . . Legato.
- Très-liée . . . . . Legatissimo.

Nota. — Les mots composant la série des six modifications ci-dessus, sont placés dans un ordre gradué ; ils expriment donc toutes les nuances intermédiaires qui se trouvent entre les sons très articulés et ceux qui sont très-liés.

2. Les sons produits naturellement sont liés.

Quels sont les mots qui expriment l'intensité de l'émission ?

b. Intensité de l'émission.

L'intensité du son peut être :
- Très-forte . . . . . Fortissimo.
- Bien forte . . . . . Forté.
- Forte. . . . . . . Mezzo-forte.
- DOUCE . . . . . . DOLCE.
- Bien douce . . . . Dolcissimo, piano.
- Très-douce. . . . . Pianissimo.

Avec ces mots simples on forme les composés suivants : forte-piano qui signifie, fort, puis, doux ; piano-forte qui signifie, doux, puis, fort.

Le mot *intensité* signifie la force d'une action, comparée à la force d'une autre action, dans des circonstances semblables. L'intensité du son n'est donc que le volume d'air concourant à la production du son, ou, en termes moins techniques, le bruit produit par le son. Cette intensité est donc plus ou moins grande.

Nota. — 1. Les mots composant la série des six modifications ci-dessus sont placés dans un ordre gradué ; ils expriment donc toutes les nuances intermédiaires qui se trouvent entre l'émission la plus forte et l'émission la plus douce.

2. Les sons produits naturellement sont doux.

Quels sont les mots qui expriment l'intensité progressive de l'émission ?

c. Intensité progressive de l'émission.

L'intensité progressive de l'émission est exprimée par les mots :
- Renforcement . Rinforzando ou crescendo.
- Affaiblissement. Sforzando, descrescendo ou calendo.
- En mourant . . Morendo ou smorzando.

Explication. — 1. Une progression est une série de quantités ayant entre elles des rapports toujours égaux. Ainsi des quantités, dont la grandeur sera exprimée successivement par les chiffres 1, 2, 3, 4, etc., seraient progressives.

2. L'intensité progressive de l'émission peut être croissante ou décroissante. Les deux mots qui expriment ces nuances, sont : le renforcement et l'affaiblissement.

Le *renforcement* consiste à modifier l'émission du son en commençant très-doucement, et en la rendant progressivement plus forte jusqu'à la fin du son ou du dernier son du fragment mélodique. Il est annoncé par un angle dont le sommet est à gauche.

L'*affaiblissement* consiste à modifier l'émission du son en commençant très-fortement et ne la rendant progressivement plus forte jusqu'à la fin du son ou du dernier son du fragment mélodique. Il est annoncé par un angle dont le sommet est à droite.

3. Souvent le renforcement est suivi immédiatement de l'affaiblissement; alors, c'est un double fragment mélodique dont l'émission devient progressivement plus forte jusqu'au milieu, et progressivement plus faible depuis le milieu jusqu'à la fin. Il est annoncé par un losange.

Quels sont les mots qui expriment le timbre de l'émission?

d. Timbre de l'émission.
Le timbre de l'émission peut être :
{ Clair. — Chiaro.
{ Sombre. — Rombando.

2. — SONS D'AGRÉMENT.

Qu'est-ce que les sons d'agrément?

Les sons d'agrément sont des sons accessoires qui précèdent ou qui suivent un son essentiel à la mélodie. Les compositeurs les emploient pour enrichir et embellir un air : ils peuvent être supprimés par les élèves peu exercés sans pour cela le dénaturer.

Ils doivent être facilement reconnus, c'est pour cela qu'ils sont exprimés par des chiffres rhythmiques plus petits que ceux qui représentent les sons constitutifs.

Combien y a-t-il d'espèces de sons d'agrément?

Il y a six espèces de sons d'agrément, qui sont : l'appogiature, le port de voix, le groupetto, le trille, le mordant et les fioritures. (fig. K.)

a. — DE L'APPOGIATURE.

Qu'est-ce que l'appogiature?

L'*appogiature* est un son d'agrément qui précède un son constitutif. Il est à l'aigu ou au grave de ce dernier. S'il est à l'aigu, il s'appelle *appogiature en dessus;* dans ce cas, on passe du doux au fort; s'il se trouve au grave, il s'appelle *appogiature en dessous;* dans ce cas, on passe du fort au doux.

La durée de l'appogiature est la moitié du son principal.

Il ne faut pas confondre ce son d'agrément avec les sons très-liés. L'appogiature est porté à l'unisson du son principal, tandis que, dans les sons très-liés, la voix passe, pendant leur durée, du premier son au deuxième, en se traînant en quelque sorte sur le premier, ou en d'autres termes, en y arrivant chromatiquement.

b. — PORT DE VOIX OU PORTAMENTO.

Qu'est-ce que le port de voix?

Le *port de voix* est un, ou quelquefois deux sons aigus ou graves d'un son principal, placés avant et quelquefois après, et très-liés à celui-ci, disjointement et quelquefois diatoniquement.

Leur durée est un peu moins de la moitié de celle de ce dernier. Le port de voix est toujours disjoint quand il précède; quand ce son est diatonique, alors c'est un appogiature.

La liaison du port de voix est telle qu'on *porte* la voix jusqu'au son principal, pour le reproduire en quelque sorte deux fois.

Le fragment, ou entre le port de voix, est un affaiblissement s'il précède; il peut être aussi un renforcement; s'il suit, il est encore un affaiblissement.

c. — GROUPETTO.

Qu'est-ce que le groupetto?

Le *groupetto* est un fragment de trois ou quatre sons diatoniques placés généralement avant le son constitutif auquel ils sont unis, et quelquefois après. L'un de ces sons est un degré au-dessus du son principal, un autre, un degré au-dessous, et le 3me, sur le même degré; quand il y a quatre sons, deux sont à l'unisson du son constitutif. Le groupetto peut être naturel, chromatique ou enharmonique.

d. — TRILLE.

Qu'est-ce que le trille?

Le *trille* est un fragment de sons d'agrément formé par deux sons : qu'on appelle principal, et son second, aigu ou grave, répétés plusieurs fois et très-vite. Il se fait sur le septa lorsqu'il est suivi du prima; sur le quarta, s'il est suivi du tierça; sur le fi, s'il est suivi du quarta; sur le se, s'il est suivi du sixta.

e. — MORDANT.

Qu'est-ce que le mordant?

Le *mordant* est un fragment de sons d'agrément qui tient le milieu entre le groupe et le trille. Les sons qui le composent sont généralement très-articulés, aussi, est-il appelé mordant. Les sons constitutifs qui font partie du fragment ont une durée courte, le contraire a lieu dans le trille.

f. — FIORITURES.

Qu'est-ce que les fioritures ?
Les *fioritures* se composent d'une série de sons nombreux très-liés et indépendants d'un son constitutif. Ils existent après un point d'arrêt, à la fin d'une phrase, ou d'un morceau de composition. Les sons qui les composent n'ont pas de valeur arithmétique temporaire, mais ils s'exécutent avec une rapidité en rapport au talent du chanteur et au caractère du morceau de musique. Les fioritures se font généralement sur une seule syllabe.

3. — DES EXPRESSIONS MORALES.

Qu'est-ce que les expressions morales ?
Les couplets d'une romance, d'une chansonnette, etc., quand ils sont bien faits, ont des rapports avec une pièce dont le charme dépend de la mise en scène ; de l'imagination et de la sensibilité de l'auteur.

Le chanteur doit donc varier sa physionomie selon les divers sentiments qui peuvent naître des couplets qu'il chante.

Voici les mots ou les expressions qui annoncent les circonstances plus ou moins dramatiques déduites de la nature du sujet.

Ces expressions adverbiales considérées isolément, semblent offrir à l'élève des difficultés. C'est dans ce cas-là surtout, où le goût et l'esprit du chanteur doivent être mis en évidence ; au reste, le sens de la mélodie et la connaissance du fragment affecté d'un *mot d'expression*, rendent facile la connaissance de la signification de ce mot.

Comment se divisent les expressions morales ?
Ces mots se divisent en cinq classes relatives aux diverses situations de l'âme :
1° Les nuances des émotions ordinaires ; 2° les nuances de l'amitié ; 3° Les nuances de la joie ; 4° Les nuances de la colère ; 5° Les nuances de la douleur.

Donnez la liste de quelques mots d'expression :

Amore	d'une manière tendre.	*Furioso*	avec emportement.
Amoroso	avec passion.	*Irresoluto*	d'une manière irrésolue.
Disinvoltura	laisser-aller.	*Lamento*	souffrance.
Dolente	plaintif.	*Maesta*	avec majesté.
Dolore	avec douleur.	*Melodioso*	d'une manière douce.
Espressione	expression.	*Mezza-voce*	chanter à demi-voix.
Festissimo	joyeusement.	*Scherzando*	exécution légère.
Resoluto	résolu.		
Piamente	expression empreinte de piété.		

DU RHYTHME (1).

I. — CONSIDÉRATIONS GÉNÉRALES SUR LE RHYTHME.

Qu'est-ce que le rhythme ?
Le rhythme est une succession de durées relatives variées et combinées de manière à nous procurer des sensations agréables.

Le rhythme peut exister sans la reproduction du son : le bruit régulier du tambour, des coups donnés par un objet contondant sur une table, peuvent donner des rhythmes tellement faciles à saisir par l'oreille, qu'on peut faire danser. Le rhythme est donc indépendant du son comme celui-ci est indépendant de celui-là ; mais l'un et l'autre savamment combinés, forment une double puissance qui agit sur notre organisation physique.

Dans la plupart des mélodies, le rapport entre les durées est facile à saisir : l'une est égale à l'autre ; ou la première peut être la 1/2, le 1/4, le 1/8, le 1/16, ou le 1/3, le 1/6, le 1/12, le 1/24 de celle qui suit ou de celle qui précède.

En quoi consiste la science du rhythme ?
Toute la science du rhythme consiste à saisir instantanément le rapport qui existe entre deux nombres ; dire par exemple, ce qu'est 1, 2, 3, 4, 5, 6, 7, 8, comparé à un nombre plus fort, ou ce qu'est 48, 36, 32, 24, 16, 12, comparés à des nombres plus petits.

Dans les cas ordinaires les rapports sont très-faciles à saisir ; dans les cas exceptionnels, on les comprendra encore assez facilement, vu qu'étant toujours exprimés par les mêmes chiffres on aura l'occasion de les chercher dans l'étude du solfège.

Récitez la table rhythmique. (fig. L.)

---

(1) Le rhythme signifie aussi mesure. Je consacre le mot mesure, à la désignation des durées d'une barre de mesure à une autre, et des mouvements isochrones que le musicien fait avec la main ou le pied.

II. — DES SIGNES DES DURÉES MUSICALES.

Comment exprime-t-on les durées musicales ?
La durée des sons et des silences est représentée par des chiffres autres que ceux qui sont pratiqués dans les usages de la vie. Les chiffres musicaux sont au nombre de seize, sept pour les durées de sons, portant le nom de *chiffres articulés*, et neuf pour les durées des silences, portant le nom de *chiffres inarticulés*. Les plus grands nombres de ces chiffres primordiaux peuvent être affectés d'un ou de plusieurs points, ou d'un arc, pour en augmenter la valeur.

INDICATION DE LA FORME DES CHIFFRES RHYTHMIQUES.

Qu'est-ce que les chiffres articulés et inarticulés créés en 1400 ?
Les chiffres articulés sont des signes conventionnels destinés à exprimer la durée des sons et à déterminer en même temps, par leurs têtes, les postures phoniques de la portée. Les chiffres inarticulés sont aussi des signes conventionnels destinés à exprimer seulement les durées des silences.

CHIFFRES RHYTHMIQUES exprimant la durée des sons.	CHIFFRES RHYTHMIQUES exprimant la durée des silences.
Indiquez le nom et la forme des chiffres articulés. (fig, M.)	*Indiquez le nom et la forme des chiffres inarticulés.*
Le 32 est un ovale;	Le 32 est un parallélogramme sous la ligne;
Le 16 est un ovale à queue;	Le 16 est un parallélogramme sur la ligne;
Le 8 est un gros point à queue;	Le 8 est un sept renversé;
Le 4 est un gros point à crochet;	Le 4 est un sept;
Le 2 est un gros point à 2 crochets;	Le 2 est un sept à 2 crochets;
Le 1 est un point à 3 crochets;	Le 1 est un sept à 3 crochets;
Le 1/2 est un point à 4 crochets.	Le 1/2 est un sept à 4 crochets;

Le bâton est un carré de la grandeur d'un interligne · il exprime un silence de la valeur de deux mesures. Le double bâton, qui a de hauteur deux interlignes, exprime un silence de la valeur de quatre mesures.

Quels signes additionnels emploie-t-on pour augmenter la valeur des chiffres musicaux ?
Pour augmenter la valeur de la plupart des chiffres musicaux, et pour exprimer conséquemment les variétés innombrables des durées musicales, on emploie le point, le double-point, le triple-point, qui se placent après les chiffres, et l'arc qui se place au-dessus de deux chiffres.

Le *point* placé après un chiffre donne un nombre composé qui équivaut au chiffre primitif, plus la moitié de ce même signe;

Le *double-point* placé après un chiffre donne un nombre composé qui équivaut au signe primitif, plus la moitié et le quart de ce signe, c'est-à-dire les *trois-quarts*;

Le *triple-point*, placé après un chiffre, donne un nombre composé qui équivaut au signe primitif, plus la moitié, le quart et le huitième de ce signe, c'est-à-dire les *sept huitièmes*;

Le *quadruple-point*, placé après un chiffre, donne un nombre composé qui équivaut au signe primitif, plus la moitié, le quart, le huitième et le seizième du signe primitif, ou en d'autres termes, les quinze seizièmes.

La syncope, qui est la réunion de deux chiffres primordiaux, a lieu quand le point ou les groupes de point ne peuvent pas donner un nombre usité dans les durées musicales : ils sont dans ce cas surmontés d'un arc qui, dans ce cas, est un signe additionnel, lequel annonce que le 2me doit être ajouté au 1er par la pensée; il ne détermine donc pas un son nouveau, mais seulement il augmente la durée du son déterminé par le premier.

Un groupe de trois chiffres et quelquefois de six est surmonté d'un arc au milieu duquel il y a un 3 ou un 6 ; les trois chiffres ne comptent que pour deux, et les six pour quatre ; le 1er s'appelle triolet, et le 2me sextolet.

III. — DES SIX ESPÈCES DE RHYTHMES.

Combien y a-t-il de genres de rhythmes ?
Il y a deux genres de rhythmes : le genre octaval et le genre duodécimal.

DU GENRE OCTAVAL.

Qu'est-ce que le genre octaval ?
Le genre octaval est celui dont l'unité de temps est exprimée par 8. Ainsi un son qui dure une unité de mesure a pour signe de durée un 8 ; donc les durées plus petites seront exprimées par des nombres plus petits, et les durées plus longues, par des nombres plus grands.

Combien y a-t-il d'espèces de rhythmes octavals ?
Il y a trois espèces de rhythmes octavals : le *binaire*, le *ternaire* et le *quaternaire*.
La mesure octavale binaire, ou plus simplement la mesure 3 fois 8, est celle qui se compose de deux unités octavales ; donc la somme des durées de cette mesure est 16.
La mesure octavale ternaire, ou plus simplement la mesure 3 fois 8, est celle qui se compose de trois unités octavales, donc la somme des durées de cette mesure est 24.
Le rhythme octaval quaternaire, ou plus simplement la mesure 4 fois 8, est celle qui se compose de 4 unités octavales ; donc la somme des durées de cette mesure est 32.
Comment se complètent les mesures incomplètes ?
Nota. — Il arrive souvent que la première et la dernière mesure d'une mélodie, ne renferment pas la somme rhythmique indiquée par l'espèce de mesure ; mais dans ce cas il y a toujours répétition du commencement du chant ; alors la mesure finale incomplète, complète la première mesure. Cette observation s'applique aux mesures duodécimales.

DU GENRE DUODÉCIMAL.

Qu'est-ce que le genre duodécimal ?
Le genre duodécimal est celui dont l'unité de temps est exprimé par 12. Ainsi un son qui dure une unité de mesure, a pour signe de durée 12 ; donc les durées plus petites sont exprimées par des nombres plus petits, et les durées plus longues, par des nombres plus grands.
Combien y a-t-il d'espèces de rhythmes duodécimaux ?
Il y trois espèces de rhythmes duodécimaux : le *binaire*, le *ternaire* et le *quaternaire*.
Le rhythme duodécimal binaire, ou plus simplement la mesure 2 fois 12, est celle qui se compose de 2 unités duodécimales ; donc la somme des durées de cette mesure est 24.
Le rhythme duodécimal ternaire, ou plus simplement la mesure 3 fois 12, est celle qui se compose de trois unités duodécimales ; donc la somme des durées de cette mesure est 36.
Le rhythme duodécimal quaternaire, ou plus simplement la mesure 4 fois 12, est celle qui se compose de 4 unités duodécimales ; donc la somme des durées de cette mesure est 48 (1).
Que dites-vous de la double valeur des mots binaire, ternaire et quaternaire ?
Nota. — 1° Quelquefois les mots *binaire*, *ternaire*, *quaternaire*, ont une valeur indépendante du genre de rhythme : on dit la mesure binaire ; ce chant est à trois temps ; ce morceau se joue à quatre temps, en parlant indistinctement du genre octaval ou duodécimal.
Récitez le résumé des six espèces de mesure. (voyez fig. N.)
Quels signes emploie-t-on pour exprimer les six espèces de mesures ?
Les six mesures 2 fois 8, 3 f. 8, 4 f. 8, 2 f. 12, 3 f. 12, et 4 f. 12 et celles qui en dérivent, lesquelles sont peu pratiquées, ont un signe indicateur qu'on place au commencement de la portée. Ce signe exprime sous une forme fractionnaire une ou plusieurs parties de 32. Le dénominateur exprime une partie de 32 et le numérateur, exprime combien cette partie est répétée dans chaque mesure..
Ainsi les mesures. . . . . 2 f. 8, 3 f. 8, 4 f. 8, 2 f. 12, 3 f. 12 et 4 f. 12
Sont indiquées respectivement par. 2/4, 3/4, 4/4, 6/8, 9/8 et 12/8.

IV. — ADDITION AUX SIX ESPÈCES DE RHYTHMES.

1. RHYTHMES HÉTÉROGÈNES.

Qu'est-ce que les mesures hétérogènes ?
Les mesures hétérogènes sont des mesures duodécimales qui se trouvent intercalées entre des mesures octavales, ou des mesures octavales qui se trouvent intercalées entre des mesures duodécimales ; ce qui, dans ce dernier cas, est très-rare, et très-commun dans le premier.
Ainsi une ou plusieurs mesures 2 fois 12 intercalées entre des mesures 2 fois 8, ou une ou plusieurs mesures 2 fois 8 intercalées entre des mesures 2 fois 12, forment des rhythmes hétérogènes. L'observation de ces mesures n'exige rien de la mémoire, seulement elle demande un peu d'attention.

2. RHYTHMES MIXTES.

Qu'est-ce que les rhythmes mixtes ?
Les rhythmes mixtes sont ceux qui étant du même genre se composent de mesures d'espèces

---

(1) Toutes ces dénominations ont de précieuses qualités : 1° elles sont courtes ; 2° le premier chiffre éveille l'espèce et le second le genre ; 3° elles se rapportent à nos connaissances arithmétiques ; 4° écrites en chiffres, elles ne prennent que l'espace de trois lettres ; elles n'exigent qu'un faible travail de mémoire.

différentes. Ainsi une ou plusieurs mesures 2 fois 8 intercalées entre des mesures 3 fois 8, ou *vice versà*, forment des rhythmes mixtes.

3. BIZARRERIES RHYTHMIQUES.

Indiquez les bizarreries rhythmiques.

Il peut arriver, 1° que 5 ou 7 sons égaux en durée, forment un temps, ce qui est très-rare ; 2° qu'un fragment de 3 ou de 6 sons égaux en durée, appelée triolet ou sextolet, équivalent à la durée de 2 ou de 4, et ne forment pas une unité ; le compositeur a dû placer un nombre au milieu du fragment, lequel exprime la durée totale de tous les sons du fragment.

Comment reconnaît-on l'espèce de rhythme?

L'examen des premières mesures d'un chant suffit pour connaître l'espèce de rhythme, si on ignore la valeur du signe fractionnaire 2/4, 3/4, etc., etc., qui se trouve toujours au commencement de la mélodie. Les mesures 3 f. 2 et 2 f. 12 offrent seules une difficulté : il suffira d'apporter un peu plus d'attention sur le signe fractionnaire qui est de 3/4 ou 6/8. — Il existe plusieurs autres mesures anciennement usitées et pratiquées encore, mais rarement, par quelques compositeurs, comme 2 f. 8, 3 f. 8, etc., etc., ces variétés inutiles pour l'expression des durées musicales, n'offrent pas de difficultés sérieuses : il suffit de savoir si elles sont binaires, ternaires ou quaternaires.

V. — DU MOUVEMENT MUSICAL.

Qu'est-ce que le mouvement musical?

Le mouvement musical est le temps long ou court qu'on met pour faire une unité de mesure. Cette unité est à peu près de 2/8 de seconde, dans sa plus petite durée, et de 6/8, dans sa plus longue : dans le premier cas, le mouvement musical est très accéléré, et dans le second, très lent.

De quoi se sert-on pour déterminer le mouvement musical?

Pour déterminer le mouvement musical on se sert d'un nombre métronimique ou d'un mot rhythmique.

Qu'est-ce que le nombre métronimique?

Le nombre métronimique est le nombre déterminé par la petite coulisse ou entre le balancier d'un métronome ; il indique mathématiquement la durée des unités rhythmiques. Le métronome est un instrument qui donne, à l'aide d'un mécanisme, tous les mouvements usités dans la musique. Le nombre métronimique se place au commencement d'un air : pour en apprécier la valeur, il faut avoir un métronome. Les compositeurs qui n'emploient pas ces nombres, se servent des mots rhythmiques.

Qu'est-ce que les mots rhythmiques?

Les mots rhythmiques expriment vaguement le mouvement musical : il faut une longue pratique de la musique pour en apprécier la valeur. Les voici dans un ordre gradué :

Grave,	*Grave.*	Modéré,	*Moderato.*
Large,	*Largo.*	Gracieusement,	*Grazioso.*
Lent,	*Lento.*	Vivement,	*Allegretto.*
Soutenu,	*Sostenuto.*	Bien vivement,	*Allegro.*
Un peu large,	*Larghetto.*	Très vivement,	*Scherzo.*
Posément,	*Adagio.*	Très vivement,	*Vivace.*
Majestueusement,	*Maestoso.*	Vite,	*Presto.*
Doucement,	*Affettuoso.*	Très vite.	*Prestissimo.*
Doucement,	*Andante.*		

VI. — OBSERVATION DU RHYTHME.

Qu'est-ce qu'observer le rhythme?

Observer le rhythme signifie faire durer chaque son et chaque silence un temps relatif exprimé par le nombre rhythmique.

Qu'a-t-on fait pour faciliter l'observation de la mesure?

Pour faciliter l'observation de la mesure on a créé la mesure, l'unité rhythmique, les divisions de la mesure, les mouvements isochrones, la langue rhythmique, le rhythme chanté, et les chœurs rhythmiques.

1° DE LA MESURE.

Qu'est-ce-que la mesure?

Les mélodies se composent de phrases qui ont entre elles certains rapports. Les phrases ou parties de phrases se composent généralement de quatre fragments mélodiques qui varient en longueur, et qui sont plus ou moins isolés : ces fragments portent le nom de mesures, parce qu'elles servent à mesurer la longueur temporaire d'une mélodie. En effet, supposez qu'un chant se compose de 32 mesures et que chacune dure une seconde, si le rhythme est bien observé, le chant devra être reproduit dans 32 secondes.

Dans le plus grand nombre de cas, huit mesures forment une phrase mélodique, et quatre, une partie de phrase.

Les compositeurs déterminent graphiquement ces mesures, en plaçant aux extrémités une ligne perpendiculaire qu'on appelle *barre de mesure*, comme dans la langue française, les grammairiens intercalent, entre les signes de ponctuation, des éléments de phrase. L'attention du musicien par ce moyen se trouve soulagée, puisqu'elle ne se porte que sur une portion très-petite de la mélodie.

2° DE L'UNITÉ RHYTHMIQUE.

Qu'est-ce-que l'unité rhythmique ?

L'unité rhythmique est une durée conventionnelle, temporairement indéterminée, mais déterminée par un mouvement de métronome, ou par le musicien qui fait pour cela deux, trois ou quatre mouvements isochrones avec la main ou le pied. L'un de ces mouvements est une unité rhythmique qui sert de terme de comparaison, pour la valeur des nombres rhythmiques.

L'unité rhythmique porte le nom d'unité de temps ou plus simplement le nom de temps; ainsi au lieu de dire : deux, trois ou quatre unités, on dit : deux, trois ou quatre temps.

3° DIVISION DE LA MESURE.

Qu'est-ce-que la division de la mesure ?

Pour faciliter encore l'observation du rhythme, le compositeur doit diviser la mesure, toutes les fois que la variété des sons le permet, en deux, trois ou quatre parties, selon que la mesure est binaire, ternaire ou quaternaire, qu'on sépare pour cet effet, en laissant entre eux un grand espace, et en rapprochant les signes phoniques qui composent le temps.

4° DES MOUVEMENTS ISOCHRONES.

Qu'entend-on par mouvements isochrones ?

Pour mieux observer la mesure et conséquemment le rhythme, on fait avec le pied droit ou la main droite divers mouvements dans des temps égaux.

Pour la mesure binaire on fait deux mouvements en suivant deux fois de haut en bas et de bas en haut, la direction d'une ligne perpendiculaire imaginaire; le premier temps se fait en baissant la main, et l'autre, en la levant.

Au début on dit *frapper, lever*; plus tard, 1, 2; ensuite on ne dit rien.

Pour la mesure ternaire on fait trois mouvements en suivant la direction d'un triangle imaginaire dont le sommet est dirigé vers le haut; on baisse la main, puis on la dirige vers la droite, ensuite on la lève en revenant au point d'où l'on est parti.

Au début on dit : *frapper, à droite, lever*; plus tard, 1, 2, 3; ensuite, rien.

Pour la mesure quaternaire on parcourt deux fois un angle droit imaginaire; on baisse la main, on la dirige vers la gauche, on revient par le même chemin sur la droite, puis on la lève.

Les commençants doivent dire : *frapper, à gauche, à droite, lever*, plus tard, 1, 2, 3, 4; ensuite, rien.

5° DE LA LANGUE RHYTHMIQUE.

Qu'est ce-qu'une langue rhythmique ? (fig. O.)

Une langue rhythmique est une série de mots représentant toutes les durées des sons. Cette langue a pour but : 1° d'isoler complètement la science rhythmique de la science phonique; de l'incorporer en quelque sorte à l'arithmétique, afin de donner par là une précision plus mathématique à l'exécution musicale; 2° de mettre tout professeur connaissant les éléments de l'arithmétique, à même d'enseigner la science du rhythme; 3° de faciliter d'une manière étonnante l'étude de la mesure; 4° de faciliter l'intonation en rendant simple une étude complexe; c'est-à-dire en s'exerçant d'abord aux difficultés du rhythme, pour porter ensuite une attention plus sérieuse sur les difficultés phoniques.

Cette langue est à l'observation de la mesure, ce qu'est la solmisation à la connaissance d'un air.

Règle unique. — Les nombres, exprimant les durées des sons, s'articulent, dans les exercices rhythmiques, en les nommant plus ou moins vite selon leur valeur numérique déterminée par les mouvements binaires, ternaires ou quaternaires. Exemple : Si le nombre 16 compose une mesure binaire, on met deux temps pour dire *seize*.

Nota. — 1° Le 4 s'appelle *te;* le 1 s'appelle *te;* la 1/2, *de;* 2° les nombres forts qui ont certain nombre de syllabes se nomment en articulant la première ou les deux premières syllabes : 24 s'articule vingt....., 32, tren...:., 48, quaran....., 36, tren..... Ces nombres, au reste, sont à peu près les seuls dont les dénominations soient légèrement modifiées ; 3° les nombres exprimant les durées des silences ne se nomment pas.

Exemple de la langue rhythmique relatif à la mesure binaire.

1er et 2e temps.	1er t.	2e t.	1er t.	2e t.	1er t.				2e t.	
16	8	8	4	4	4	2	2	2	2	6	2
sei....ze.	huit	huit	te	te te te	deux	deux	deux	deux	six	deux, etc.

6° RHYTHME CHANTÉ.

Qu'est-ce-que le rhythme chanté ?

Le rhythme chanté est une série de mesures exclusivement rhythmiques, qu'on chante en supposant au-dessous les éléments de la gamme majeure ou mineure, et en faisant les mouvements isochrones.

On commence d'abord à la hauteur du do ; arrivé à la fin de la phrase, on revient au commencement sans discontinuer, mais à l'unisson du rè, ainsi de suite jusqu'au do huitième.

On peut descendre, si le professeur le juge convenable, comme on est monté.

Avant de chanter ainsi ces exercices rhythmiques, on doit nommer les nombres en mesure, en pratiquant la langue rhythmique. (fig. O.)

7° CHŒURS RHYTHMIQUES.

Qu'est-ce-que des chœurs rhythmiques ?

Il est indispensable, dans l'étude des faits musicaux si nombreux, de ne présenter à l'esprit de l'élève que des difficultés exclusivement rhythmiques ou phoniques.

Dans les exercices rhythmiques, nous avons dû chercher le moyen de rendre les opérations abstraites et fatigantes de calcul plus agréables, nous avons ajouté quelques sons n'offrant aucune difficulté dans leur reproduction et lesquels cependant jettent quelques charmes sur la pratique aride de la mesure. Ces exercices sont propres à préparer les élèves à chanter en chœur.

Première règle. — Les sons dans chaque partie suivent toujours un ordre diatonique et durent toujours une mesure.

Deuxième règle. — Ils donnent l'intonation du langage rhythmique des mesures qui les suivent.

VII. — DES AGRÉMENTS RHYTHMIQUES.

A quoi servent les agréments rhythmiques ?

Les modifications du mouvement musical qui n'ont lieu qu'en ralentissant ou en accélérant le mouvement primitif, sont très fréquentes dans la musique moderne. Elles ont pour but d'exprimer avec plus de perfection les différentes nuances de sentiment que le compositeur a voulu peindre. Elles sont donc propres à fixer l'attention des auditeurs et à varier les impressions qu'une mélodie trop monotone, dans ses mouvements, ne saurait produire.

TABLEAU DES AGRÉMENTS RHYTHMIQUES.

Donnez la liste des agréments rhythmiques.

	très vite,	*velocissimo.*
	bien vite,	*rapidissimo.*
Chanter	vite,	*veloce.*
ou	MÉTRONIMIQUEMENT,	ATEMPO.
Jouer	lentement,	*tarcetto, lento, dolentissimo.*
	bien lentement,	*tarcio.*
	très lentement,	*tardissimo.*
	(irrégulièrement),	*temporabato.*

Nota. — 1° Les mots : tempo giusto, à tempo, métronimiquement, indiquent le mouvement primitif ; riténuto signifie : aller moins vite ;

2° Les mots composant la série des six modifications rhythmiques sont placés dans un ordre gradué : ils expriment tous les mouvements intermédiaires entre le mouvement *très-vite* et le mouvement *très-lent ;*

3° Le mouvement général d'une mélodie est métronimique ;

4° Les six mots ci-dessus n'ont pas de valeur absolue, ils expriment une modification du mouvement mathématique indiqué par le numéro du métronome ou le mot rhythmique.

Comment se divise le mouvement progressif ?

Le mouvement progressif se divise en { accélération progressive, *acceleramento progressivo*
{ ralentissement progressif, *ralentamento progressivo.*

Explication. — L'accélération progressive consiste à changer à chaque son la durée de l'unité de temps en la rendant toujours plus petite.

Le ralentissement progressif consiste à changer à chaque son la durée de l'unité de temps en la rendant plus longue. La longueur de cette accélération ou de ce ralentissement est indiquée par la nature du sujet. Généralement cette progression du mouvement est inséparable de la progression dans le même sens de l'intensité de l'émission du son.

Les huit expressions ci-dessus, étant vagues de leur nature, ne doivent être considérées que comme une indication d'un mouvement modifié : le musicien ayant la pratique de la musique doit s'identifier avec la mélodie, afin de lui donner un sens convenable.

Les compositeurs doivent déterminer, par un nouveau nombre métronimique, le changement du mouvement musical, lorsque la modification est très-sensible.

VIII. — FAITS MUSICAUX RELATIFS AU SON ET AU RHYTHME.

1° DES RÉPÉTITIONS.

Qu'entendez-vous par répétitions ?

Afin de ne pas augmenter l'écriture musicale inutilement, on emploie quelques signes de répétition, qui annoncent qu'une phrase ou un fragment mélodique, doit être répété : de là facilité dans la lecture musicale et économie dans l'impression.

1° Pour indiquer qu'on doit répéter immédiatement une phrase mélodique ou une portion de phrase, on met à la fin une barre affectée de deux points ; ou un O coupé par deux lignes qui se croisent. Plusieurs autres signes sont usités, mais la pratique de la musique les fera reconnaître facilement. Le mot *Al segno*, signifie revenir au signe, et *Da capo*, signifie revenir au commencement du morceau ou du signe.

2° Un fragment final peut-être modifié par suite de la répétition d'un fragment qui peut le précéder ; le dernier est affecté des mots : première fois, deuxième fois ou troisième fois.

2° DES ABRÉVIATIONS.

Qu'est-ce que les abréviations musicales ?

Les abréviations se composent de la première ou des premières lettres des mots qui forment la technologie musicale. La plupart de ces lettres ont rapport aux nuances phoniques, aux termes d'expression et aux modifications du mouvement musical. La pratique de la musique les fera connaître.

TABLE DES MATIÈRES.

	Pages.
Préface	1
SON.	
Définitions et divisions	2
Du son en général	2
De la gamme ou des sons générateurs	2
Des intervalles	4
Du diapason	5
Du diagramme	5
De la portée	6
Des clefs	6
Des sons intermédiaires	7
De la gamme majeure et de la mineure	8
Des séries chromatiques	9
De la série enharmonique	9
Des modulations	10
Des dix-sept espèces de gammes majeures et des dix-sept mineures	10
Des agréments phoniques	13
RHYTHME.	
Considérations générales sur le rhythme	16
Des signes des durées musicales	17
Des six espèces de rhythmes	17
Addition aux six espèces de rhythmes	18
Du mouvement musical	19
Observation du rhythme	19
Des agréments rhythmiques	21
Faits musicaux relatifs au son et au rhythme	22
Planches explicatives	23
Exercices phoniques et rhythmiques	25

Typ. Jules-Juteau, rue St-Denis, 341.

www.ingramcontent.com/pod-product-compliance
Lightning Source LLC
Chambersburg PA
CBHW060928050426
42453CB00010B/1906

ARMAND LE CHEVALIER, éditeur, rue Richelieu, 60.

CAHIERS D'UNE ÉLÈVE DE SAINT-DENIS

COURS D'ÉTUDES COMPLET ET GRADUÉ POUR LES FILLES
ET POUR LES GARÇONS QUI NE SUIVENT PAS LES COURS DU COLLÉGE

PAR DEUX ANCIENNES ÉLÈVES DE LA MAISON DE LA LÉGION-D'HONNEUR

Et **L. BAUDE**, ancien professeur au collège Stanislas

DIVISÉ EN 6 ANNÉES ET 12 SEMESTRES

Précédés de deux cahiers préliminaires et suivis d'un cahier complémentaire

POUVANT SUPPLÉER TOUS LES LIVRES QUI SE RAPPORTENT AUX DIVERSES PARTIES DE L'INSTRUCTION.

SOMMAIRE ABRÉGÉ DES MATIÈRES CONTENUES DANS CHACUN DES 15 VOLUMES.

Chaque volume est suivi d'un choix de Lectures et Exercices de mémoire faisant appendice aux matières contenues dans le Cahier,
Et d'un Dictionnaire étymologique des mots techniques et peu usuels employés dans le volume.

COURS DE LECTURE (volume orné de 175 gravures). — Syllabaire. — Des différentes espèces de lettres. — Des différentes espèces de syllabes. — Pronunciations variables, sons équivalents. — Difficultés. — Exceptions. — Premières lectures courantes : contes moraux, lectures instructives, principales fêtes religieuses pendant les quatre saisons de l'année. — Lectures récréatives, etc., etc.

INSTRUCTION ÉLÉMENTAIRE (volume orné de 164 gravures). — De l'éducation. — Premiers nombres et premiers chiffres. — Les cinq sens. — Le temps et ses divisions. — Idée générale de l'univers ou de la création. — Les astres. — Les éclipses. — Les éléments. — Les parties du monde. — Mappemonde. — L'eau, l'air, le feu, la terre. — Phénomènes naturels : le vent, les trombes, le son, l'écho, la lumière, le feu, les volcans, etc. — Fables et contes.

TOME 1er. — 1er semestre de la 1re année.
Préface. — **I.** Introduction. — **II.** Grammaire française. — Définitions. — Lexicographie. — **III.** Histoire des deux premières époques. — **IV.** Mappemonde ou Notions générales de géographie. — **V.** Ancienne division de la France par provinces. — **VII.** Arithmétique, Notions préliminaires.

TOME II. — 2d semestre de la 1re année.
I. Grammaire française (Suite et fin de la lexicographie). — **II.** Histoire sainte : Quatrième, cinquième et sixième époques. — **III.** Géographie de l'Histoire sainte (suite). — **IV.** Arithmétique (suite). — **V.** Système métrique. — **VI.** Mappemonde ou Notions générales de géographie (suite). — **VII.** Division de la France par départements. — **VIII.** Table chronologique des rois de France.

TOME III. — 1er semestre de la 2e année.
I. Grammaire française : Syntaxe. — **II.** Histoire sainte (suite et fin). — **III.** Géographie de l'Histoire sainte. — Appendice : Voie douloureuse ou Chemin de la croix. — **IV.** Histoire ancienne : Égyptiens. — **V.** Assyriens. — **VI.** Mèdes et Perses. — **VII.** Lydiens et Troyens. — **VIII.** Phéniciens. — **IX.** Ères chronologiques. — Définitions. — **X.** Éléments de cosmographie. — **XI.** Géographie de l'Asie moderne. — **XII.** Arithmétique (suite). — **XIII.** Départements et arrondissements de la France.

TOME IV. — 2d semestre de la 2e année.
I. Grammaire française : Syntaxe (suite et fin). — **II.** Mythologie. — **III.** Appendice à la Mythologie. — **IV.** Histoire ancienne. — Grecs. — Royaume de Macédoine. — Expéditions d'Alexandre. — Appendice à l'Histoire des Grecs et des Perses. — **V.** Sciences et arts chez les Grecs. — **VI.** Arithmétique (suite). — **VII.** Étude préparatoire de l'Histoire de France. — **VIII.** Géographie de la France.

TOME V. — 1er semestre de la 3e année.
I. Grammaire française : Orthographe. — **II.** Récapitulation historique. — **III.** Histoire ancienne. — Successeurs d'Alexandre. — **IV.** Macédoine et Grèce. — Derniers temps. — **V.** Royaume d'Égypte ou des Lagides. — **VI.** Royaume de Syrie ou des Séleucides. — États secondaires. — **VII.** Royaume de Pergame. — **VIII.** Royaume de Cappadoce. — **IX.** Royaume de Pont. — **X.** Royaume d'Arménie. — **XI.** Royaume de Bithynie. — **XII.** Appendice à l'Histoire ancienne. — Sicile. — **XIII.** Les Sept Merveilles du monde. — **XIV.** Éléments de cosmographie : Sphère armillaire. — **XV.** Géographie de l'Afrique moderne. — **XVI.** Étude préparatoire de l'Histoire de France (suite). — **XVII.** Curiosités historiques. — Blason. — Dictionnaire des termes héraldiques. — **XVIII.** Histoire de Paris et de ses principaux monuments.

TOME VI. — 2d semestre de la 3e année.
I. Histoire romaine : Première, deuxième et troisième périodes. — **II.** Appendice à l'Histoire romaine. — Germains. — **III.** Sciences et arts chez les Romains. — **IV.** Notions diverses sur les Romains. — **V.** Histoire de l'Église (première partie). — **VI.** Arithmétique (suite). — **VII.** Éléments de cosmographie : Système solaire. — **VIII.** Étude préparatoire de l'Histoire de France (suite).

TOME VII. — 1er semestre de la 4e année.
I. Récapitulation chronologique de l'Histoire ancienne. — **II.** Notions chronologiques sur l'empire romain à la fin du IVe siècle, pour servir à l'intelligence de l'histoire du moyen âge. — **III.** Histoire du moyen âge : Première partie. — **IV.** Histoire de l'Église (suite). — **V.** Géographie de l'Europe moderne. — **VI.** Introduction à l'étude de l'histoire naturelle. — **VII.** Précis de l'histoire de la langue française.

TOME VIII. — 2d semestre de la 4e année.
I. Histoire du moyen âge : Deuxième partie. — **II.** Histoire de l'Église (suite). — **III.** Géographie de l'Europe moderne (suite et fin). — **IV.** Traité de versification française suivi d'un appendice.

TOME IX. — 1er semestre de la 5e année.
I. Histoire moderne : Première partie. — **II.** Histoire de l'Église (suite). — **III.** Géographie de l'Amérique. — **IV.** Curiosités historiques. — Drapeaux et emblèmes de la France. — **V.** Notions élémentaires de botanique.

TOME X. — 2d semestre de la 5e année.
I. Histoire moderne : Deuxième partie. — **II.** Histoire de l'Église (suite). — **III.** Géographie de l'Océanie. — **IV.** Notions élémentaires de zoologie. — **V.** Principales inventions et découvertes.

TOME XI. — 1er semestre de la 6e année.
I. Principes de littérature. — **II.** Histoire de la littérature ancienne. — Appendice à la poésie des Hébreux. — Résumé de l'histoire de la littérature latine. — Appendice à la littérature grecque et latine. — **III.** Histoire de la littérature française. — Appendice à la littérature française. — **IV.** Introduction à la philosophie. — **V.** Table chronologique des principaux événements de l'histoire contemporaine depuis 1789. — **VI.** Bibliographie ou indications de lectures.

TOME XII. — 2d semestre de la 6e année.
I. Notions élémentaires de philosophie. — Appendice à la théodicée. — Appendice à la morale. — **II.** Histoire de la philosophie. — **III.** Complément de la philosophie. — **IV.** Philologie des langues européennes. — **V.** Littérature italienne. — **VI.** Littérature portugaise. — **VII.** Littérature espagnole. — **VIII.** Littérature anglaise. — **IX.** Littérature allemande. — **X.** Précis de l'histoire générale des études. — **XI.** Biographie des femmes célèbres. — **XII.** Notions géographiques complémentaires.

TOME XIII. — Volume complémentaire.
I. Considérations générales. — **II.** Algèbre. — **III.** Géométrie. — **IV.** Physique. — **V.** Chimie. — **VI.** Météorologie. — **VII.** Géologie et minéralogie. — **VIII.** Astronomie. — **IX.** Vapeur. — **X.** Télégraphie. — **XI.** Aérostation. — **XII.** Chloroformisation. — **XIII.** Architecture. — **XIV.** Sculpture. — **XV.** Peinture. — **XVI.** Gravure. — **XVII.** Photographie. — **XVIII.** Galvanoplastie. — **XIX.** Musique. — **XX.** Archéologie. — **XXI.** Numismatique. — **XXII.** Paléographie.

PRIX DES VOLUMES :

	brochés	cartonnés					brochés	cartonnés	
Cours de lecture, avec 175 fig., Prix :	2 »	2 25	pour l'enfance.	Tome 7e, 4e année, 1er sem. Prix :	3 50	3 75	bleu liséré.
Instruct. élém., avec 164 fig.,	3 »	3 25	idem.	— 8e,	2d	3 50	3 75	uni.
Tome 1er, 1re année, 1er sem.	1 50	1 75	vert liséré.	— 9e, 5e année, 1er sem.	3 50	3 75	nacarat liséré.
— 2e,	2d	2 50	2 75	— uni.	— 10e,	2d	4 »	4 25	— uni.
— 3e, 2e année, 1er sem.	2 50	2 75	violet liséré.	— 11e, 6e année, 1er sem.	4 50	4 75	blanc liséré.
— 4e,	2d	2 50	2 75	— uni.	— 12e,	2d	4 50	4 75	— uni.
— 5e, 3e année, 1er sem.	3 »	3 25	aurore liséré.	— 13e, cahier complément.,	5 »	5 25	
— 6e,	2d	3 50	3 75	— uni.				

On peut prendre séparément chaque volume, et recevoir *franco*, par la poste, les volumes brochés ou cartonnés, en joignant 25 c. au prix de chaque volume pour le cartonnage et 25 c. pour l'affranchissement. — (*Voir au verso quelques opinions sur ce cours d'études.*)

Quelques opinions de la Presse parisienne, départementale et étrangère sur les *Cahiers d'une Élève de Saint-Denis*

ASSEMBLÉE NATIONALE. — Nous recommandons à toutes les personnes qui s'occupent de l'éducation des jeunes filles les *Cahiers d'une Élève de Saint-Denis*. C'est un cours d'instruction gradué, embrassant tout ce qui constitue l'éducation d'une jeune personne. Un grand nombre de pensionnats et d'institutions l'ont déjà adopté comme la base de leur enseignement. Lors même qu'ils ne seraient pas adoptés comme livres classiques, les *Cahiers de Saint-Denis* seront consultés avec fruit par quiconque se voue à l'enseignement. Ce n'est pas seulement une compilation nouvelle de devoirs et de leçons à apprendre, c'est une œuvre raisonnée où la gradation du travail est sagement observée, et met les difficultés en rapport avec l'intelligence et les progrès de l'élève.

Il n'est guère de livre aussi utile, de guide aussi sûr pour les mères qui veulent diriger elles-mêmes l'éducation de leurs filles ou s'y associer par des soins particuliers.

Nous reparlerons de cet ouvrage, qui sort de la ligne des spéculations faites sur les pensionnats et sur le besoin d'instruction si général aujourd'hui dans toutes les classes de la société ; mais, dès à présent, nous n'hésitons pas à le signaler comme une œuvre digne d'attention.

POMMIER.

DROIT. — Les *Cahiers d'une Élève de Saint-Denis* sont un de ces livres éminemment utiles, que l'on voudrait rencontrer dans les mains de toutes les institutrices et de toutes les mères, et dont la réputation littéraire devrait être déjà faite.

En France, l'éducation publique ou privée des hommes laisse peu à désirer ; pourquoi l'éducation des jeunes personnes n'a-t-elle pas éveillé chez nous les mêmes sollicitudes ? D'où vient qu'au sortir de leurs pensionnats, après le même nombre d'années d'études, telle jeune fille n'aura reçu qu'une instruction ordinaire et à peine ébauchée, tandis que telle autre en aura reçu une brillante et complète ?

Ne serait-ce pas, comme dit lui-même le principal auteur de ces Cahiers, que « dans la plupart des maisons d'éducation, comme dans la famille, la direction des études manque essentiellement de ces traditions classiques qui assignent à chaque chose son temps, et soumettent l'enseignement à cette gradation naturelle qui en est la première loi et la plus sûre garantie ? »

Un ancien professeur du collège Stanislas, qui a laissé dans l'Université d'honorables souvenirs, M. L. Baude, a cru savoir quels étaient les vices qui faisaient obstacle au développement de l'éducation des femmes, et il s'est proposé, par un plan d'études sagement combiné, de remédier à ces inconvénients. Il pouvait consulter sa propre expérience et celle d'anciens collègues, le règlement des collèges universitaires où il avait enseigné ; c'était beaucoup déjà, mais ce n'était pas assez.

A Saint-Denis existe, sous le nom de Maison de la Légion-d'Honneur, un établissement, *seul lycée féminin*, fondé par l'État, sous l'inspiration d'une grande et noble pensée.

M. L. Baude ayant eu la bonne fortune de se lier avec deux des anciennes pensionnaires de cette maison, il recourut à leurs *Cahiers*, à leurs souvenirs, à leurs conseils : une association se forma entre le professeur émérite et les deux élèves de Saint-Denis, laquelle donna naissance à un *Cours gradué* qui embrasse, « dans l'unité d'un enseignement progressif et simultané, l'ensemble des connaissances indispensables à l'instruction d'une jeune personne. » Ce livre, dont le but est de venir en aide aux institutrices, et surtout aux mères de famille, auxquelles il offre le moyen de diriger elles-mêmes les études de leurs filles, » a été composé sur le plan d'enseignement suivi dans la maison de la Légion-d'Honneur. C'est ce qui lui a valu son titre de : *Cahiers d'une Élève de Saint-Denis* ; quant aux développements, ils sont l'œuvre de M. L. Baude.

Ainsi, *suum cuique*, à chacun sa part dans l'œuvre commune : le titre et le plan, voilà l'apport social des deux pensionnaires ; la mise en œuvre, la composition, voilà celui du professeur. Ces éléments, heureusement combinés, ont produit un excellent ouvrage d'éducation.

L'enseignement des cahiers est réparti en six années subdivisées en semestres, et chaque année renferme une période complète ou ce qu'on appelle une classe.

M. L. Baude a donné à ses lectrices que des notions sûres et précises, des explications marquées au coin de la clarté, de la simplicité et de la raison. Si, chemin faisant, il se heurte à une locution vicieuse, il s'empresse d'en signaler le danger ; s'il est forcé d'employer un mot technique, il n'a garde de passer outre sans en avoir fait connaître le sens et l'étymologie. Pour délasser l'esprit de ses élèves et former leur goût, il termine chacun de ses volumes par un choix de lectures et d'exercices de mémoire emprunté à nos poètes et à nos prosateurs les plus célèbres. Les noms de Racine et de La Fontaine s'y trouvent à côté de ceux de J.-B. Rousseau et de Lamartine ; ceux de Rollin, de Fénelon, de Bernardin-de-Saint-Pierre à côté de ceux de Bossuet, de Massillon, de Chateaubriand.

M. L. Baude a su, et ce n'est pas un petit mérite, dans toutes les parties de son œuvre, se mettre et rester à la portée de son jeune auditoire, n'excédant jamais les bornes de l'intelligence de ses élèves, se faisant petit avec les commençantes et grandissant peu à peu avec elles.

A ses efforts persévérants, à ses soins éclairés, à son zèle et à son expérience, l'enseignement doit enfin un cours d'études gradué pour les femmes. Les *Cahiers d'une Élève de Saint-Denis* sont un de ces livres que l'Université devrait adopter et recommander ; l'Académie encourager et récompenser par un de ses prix Montyon, et qui devrait avoir sa place dans toutes les bibliothèques de famille. C'est un de ces livres dont Fontenelle, qui connaissait si bien la valeur des qu'elle a manqué de dire : « Il est bon, et, ce qui est plus rare, il est bien fait. »

MOULIN, avocat à la Cour impériale.

JOURNAL DES DEMOISELLES. — Bien qu'il soit très-audacieux à moi de parler des *Cahiers d'une Élève de Saint-Denis* après l'habile main qui, dans ce recueil, l'a fait à diverses reprises, je ne puis cependant m'en taire, et celles de vous, mesdemoiselles, qui se sont procuré cet excellent Cours d'études comprendront sans peine qu'il y ait toujours à dire sur une matière aussi riche.

Dans ces volumes, je vois chaque jour mes filles non-seulement apprendre l'histoire, mais apprendre à aimer l'histoire, une enfant de dix ans en lit certains chapitres avec la passion qu'à cet âge on met à lire des contes de fées; elle les lit dans ses récréations et sans que je l'y convie. Une autre de quatorze ans, arrivée presque à la fin du cours, s'étonne elle-même des progrès qu'elle a franchis, à chaque volume nouveau achevé par elle, j'ai vu son intelligence se former, se meubler d'idées justes, son âme s'élever et grandir; et, sans perdre rien de l'heureuse et folle gaieté, de l'ingénuité de l'enfance, je l'ai vue de plus en plus attentive aux conversations sérieuses, les rechercher, se permettre d'y prendre part, et y goûter un vif plaisir ; tandis qu'en ces heures de douce intimité, où la mère doit exciter la causerie, je lui ai entendu exprimer de fort judicieuses pensées sur les poètes, les historiens, les orateurs des temps passés et des temps modernes ; j'ai assisté même, sans avoir l'air d'y prendre garde, à des tournois de langues entre les deux jeunes filles, chacune rompant des lances pour tel ou tel grand homme, son héros de prédilection.

Vraiment, lorsqu'un ouvrage, tout en vous enseignant la grammaire, l'arithmétique, la géographie, ces choses un peu ardues comparativement à l'histoire et à la littérature, lorsque cet ouvrage vous inspire assez d'intérêt pour que vous, enfant, votre cœur s'en émeuve, et que votre esprit léger s'en préoccupe aux heures joyeuses des récréations, il faut que ce livre ait des incontestables mérites.

Mme ADAM BOISCONTIER.

MÉMORIAL DE LILLE. — ... En matière d'enseignement, rien ne peut être impunément improvisé : tout doit être prévu d'avance ; les améliorations mêmes devraient découler naturellement de la règle.

Mais, me dira-t-on, où prendre cette tradition, cette règle presque parfaite ? où la trouver ? là où elle se trouve. Or, à quelques lieues de Paris, sous les auspices du gouvernement, c'est-à-dire avec cet esprit de sage progrès qui est sa gloire et sa force, fleurit et se développe une maison d'où sort incessamment un essaim de jeunes filles éminentes par les qualités du cœur autant que par l'intelligence : parmi elles la société distinguée de notre pays est assurée d'abord ses jeunes femmes les plus gracieuses, ensuite les mères de famille les plus méritantes.

On devinera bien vite qu'il ne peut être question ici que de la maison impériale de Saint-Denis.

A Saint-Denis, l'enseignement est à la fois séculier et religieux : il est surtout, il est avant tout national et français. La haute pensée sociale de Napoléon, le savoir peu pédagogique de madame de Maintenon se sont développés à l'envi dans cette belle création. Aussi, dans cet enseignement de Saint-Denis, n'y a-t-il pas place ni pour la routine qui ne veut rien voir, ni pour la vaine curiosité qui veut tout voir. De la maison de Saint-Denis tout me semble bon à prendre, l'esprit et la méthode ; mais tout ne se laisse pas surprendre également. L'esprit de l'enseignement, les mères le retrouveront dans leur cœur ; la méthode, elles avaient besoin qu'on la leur révélât, qu'on leur en rendit la vie et le jeu palpables.

Elles ont donc eu une bonne, une excellente pensée, les deux élèves de Saint-Denis qui sont venues nous apprendre le secret du sanctuaire, nous mettre entre les mains cette méthode qui explique les beaux résultats auxquels arrivent les doctrines de ce célèbre établissement. C'est avoir rendu un véritable service au public. La vulgarisation de la méthode si naturelle qu'on suit à Saint-Denis simplifiera pour beaucoup d'institutrices le problème du plan qu'on doit suivre dans l'instruction des jeunes filles. Ce plan peut se résumer d'un mot : « *Proportionnez votre enseignement aux différentes intelligences que vous voulez former, et graduez avec méthode les connaissances qui doivent non-seulement former, mais surtout fort fier vos jeunes auditrices.* » La méthode en matière d'enseignement n'est qu'une des formes de la clarté : c'est l'art de passer du connu à l'inconnu et de rendre ce passage insensible ; en un mot, c'est l'art de gra:uer ; un maître n'est excellent que quand il le possède à fond. Nos deux élèves de Saint-Denis doivent à ce compte donner de bien profitables leçons, et les élèves doivent leur faire souvent honneur.

Dans leurs Cahiers elles ont su embrasser dans l'unité d'un enseignement progressif et simultané l'ensemble des connaissances dont se compose l'instruction d'une jeune personne L'agréable y côtoie discrètement l'utile, et le superflu, cette chose si nécessaire chez nous, n'y manque pas, mais il ne vient qu'en temps et lieu. On comprend, à Saint-Denis, ce qu'on oublie trop souvent ailleurs, c'est que la géographie est la meilleure, la plus indispensable des préparations pour l'histoire ; aussi, dans les cahiers dont je parle, l'histoire ne vient-elle qu'après la géographie ; c'est de toute justice. L'histoire de France, sincère, consciencieuse, occupe une place digne d'elle dans ce cours ; elle y est parfaitement distribuée et digérée. Dans la première initiation, on se contente d'apprendre aux enfants la suite chronologique des rois et le gros des faits et des dates de leurs règnes. On laisse germer deux ou trois ans dans ces jeunes mémoires ces notions élémentaires ; le temps fait son œuvre ; la raison se forme ; l'esprit des enfants s'est élevé au spectacle des choses du monde grec et romain ; alors on peut aborder avec fruit l'histoire de France ; le terrain est prêt ; tout v mûrira ; les fils suggéreront d'eux-mêmes les idées à des esprits amenés si naturellement à l'intelligence d'une histoire qui intéresse l'imagination autant que la mémoire.

Les événements se déroulent dans le cours que nous analysons avec netteté et simplicité : il n'y a pas de théories abstraites ; les auteurs n'ont voulu donner que ce qui est acquis à la science, que ce qui semble incontestable ; on a rejeté avec soin tous les détails oiseux ; la curiosité est satisfaite par eux, mais elle n'est pas lassée ; ils laissent quelque chose à l'avenir. C'est surtout quand on parle à la jeunesse qu'il faut se rappeler le vieil adage : « Rien de trop. »

«N'accusera-t-on d'infirmer ce que je viens d'annoncer, si je remarque que dans les Cahiers préliminaires j'ai vu avec grand plaisir figurer parmi les exercices de lecture les meilleurs contes de Perrault? Il est prudent de ménager à l'esprit des enfants quelques agréables reposoirs, comme disait Vaugelas. Devant *Peau d'âne*, l'enfance fait comme La Fontaine : elle y prend un plaisir extrême, et pour arriver au conte de fées, elle suivra le professeur à travers toutes les démons rations où il s'engagera.

J'ai fait tout ce qui est intéressant ouvrage, parce que tout va à l'édification et à l'instruction de la jeunesse : c'est un enseignement de bonne foi, sans charlatanisme ; tout est clair, même ce qui ne semble pas utile. De pareils livres reposent singulièrement du régime auquel nous condamne la littérature qui se pique d'être mondaine. J'osais, je conseillerais la lecture de ces douze ou quinze petits cahiers aux femmes du monde : elles y retrouveront la paix et le parfum des jeunes années, elles se croiront aux beaux jours de la pension. D'ailleurs quelle femme ne goûterait un enseignement dont voici le dernier mot et la constante inspiration :
« Aimons l'enfant que nous voulons instruire, et la bonne méthode ne nous manquera jamais. »   F. COLINCAMP,

Professeur à la Faculté des lettres de Douai.

MUSÉE DES FAMILLES. — En fait de livres pour la jeunesse, voici, par exemple, un trésor de famille qu'il est de notre devoir de recommander aux parents, aux instituteurs et à la jeunesse : ce sont les *Cahiers d'une Élève de Saint-Denis, Cours d'Études complet et gradué pour les jeunes filles*, par M. Louis Baude, ancien professeur au collège Stanislas. Croyez-en un père qui remplace chez lui avec ces Cahiers, à 90 pour 100 de bénéfice, les maîtres et professeurs de toute sorte : ce Cours d'instruction est le chef-d'œuvre du genre, le phénix des théories mises en pratique. Nous le prouverons en détail, au premier jour, à ceux qui douteraient de notre parole.   PITRE-CHEVALIER.

PATRIE. — En terminant un article consacré à la maison d'éducation de Saint-Denis, à la parfaite méthode qui y est adoptée, l'auteur, M. Henri Trianon, arrive à un Cours d'études complet et gradué publié d'après le plan suivi dans cette maison, plan que nous avons fait nôtre, et il dit :

Rien n'a été négligé pour les jeunes gens : une série d'excellents traités répondent aux développements graduels de leur intelligence ; mais pour les jeunes filles tout est encore à faire ; on ne s'est enquis ni de la règle ni de la mesure. Ou les livres qui ont pour but la culture de leur esprit sont trop élémentaires, ou ils sont trop avancés ; aucune division rationnelle, aucune coordination ne s'y trouve. Ils sont conçus et rédigés de façon que, sans la parole du professeur, ils restent muets et inutiles, tandis que les livres destinés aux jeunes gens pourraient, au besoin, se contenter de la voix inexpérimentée d'un père ou d'une mère.

Sous le titre de : *Cahiers d'une Élève de Saint-Denis*, M. Baude vient de publier un Cours d'études complet et gradué, où l'enseignement des filles nous paraît bien près d'avoir reçu sa solution. Ce qui nous a surtout frappé dans cet ouvrage, ce qui doit fixer l'attention de la critique et des mères de famille, c'est non-seulement la sûreté des principes et l'exactitude des faits, c'est surtout l'excellence de la méthode, la justesse des divisions et la subordination toujours constante de l'accessoire au principal.

...En somme, une assez longue pratique de l'enseignement nous donne le droit d'engager les mères de famille et les institutrices à examiner sérieusement les *Cahiers d'une Élève de Saint-Denis*.   Henri TRIANON.

REVUE CRITIQUE DE GENÈVE. — La maison de Saint-Denis est depuis longtemps renommée pour l'excellente instruction qu'y reçoivent les demoiselles de la Légion d'Honneur. Dès l'origine, les études furent de la part de ses fondateurs l'objet d'une vive sollicitude, et l'expérience n'a pu qu'améliorer encore leur organisation. Nul autre établissement de ce genre ne présente un ensemble aussi complet, aussi bien gradué surtout, de manière à servir de guide aux institutrices. La méthode est ce qui fait le plus souvent défaut dans l'éducation des jeunes filles. « Cela tient, comme le disent les auteurs de l'ouvrage que nous annonçons, à ce que, soit dans la famille, soit dans la plupart des maisons d'éducation, la direction de leurs études manque essentiellement de ces traditions classiques qui assignent à chaque chose son temps, et soumettent l'enseignement à cette gradation naturelle qui en est la première loi et la plus sûre garantie. » Pour que les notions apprises portent de bons fruits, il faut qu'elles soient en harmonie avec le développement de l'intelligence, qui doit être le but principal des efforts du maître. Sans cela l'instruction ne s'adresse qu'à la mémoire, et s'oublie plus ou moins vite au milieu des préoccupations de la vie matérielle. Le cours intitulé *Cahiers d'une Élève de Saint-Denis* nous semble offrir à cet égard les meilleures directions pratiques. Il est divisé en six années, chaque volume formant un semestre. Le premier renferme les éléments de la grammaire, etc. Le treizième volume, ou cahier complémentaire, est consacré à des considérations fort intéressantes sur l'histoire des arts et des sciences. On voit que cet enseignement est complet. Il se distingue d'ailleurs par la clarté de l'exposition et présente une foule de détails tout à fait propres à captiver les élèves.

SIÈCLE. — Après avoir passé une revue rapide de l'histoire de l'éducation des femmes en France et des tristes résultats de l'ignorance systématique à laquelle elles n'ont que trop longtemps été condamnées, M. Millie-Noé s'exprime ainsi :

Croit-on qu'un peu d'histoire raisonnable, un peu de littérature saine, un peu de logique, c'est-à-dire de bon sens épuré, n'eussent pas coupé dans la racine des admirations et des engouements de mauvais aloi ?

Une seule maison d'éducation en France et, pour mieux dire, en Europe, a pu se soustraire à ce désordre et à cette incohérence d'enseignement qui ont produit de si tristes résultats. Je parle de la maison de Saint-Denis.

Le mode d'enseignement suivi à Saint-Denis consiste surtout dans la rédaction de cahiers, où les élèves s'exercent à suivre les leçons orales dans un style clair, concis et correct. L'ensemble de ces cahiers forme un cours complet et gradué, une petite encyclopédie de tout ce qu'il est séant à une femme de savoir des connaissances humaines.

M. L. Baude, en publiant ses Cahiers, a pris pour base ce travail. Son plan mérite les plus grands éloges. Chacun de ces cahiers renferme, avec un développement analogue à l'intelligence de chaque âge, les notions d'arithmétique, de littérature, de grammaire, d'histoire, de géographie, etc., qui composent le Cours complet. De la sorte, chaque année, chaque semestre forme un tout distinct et séparé, quoique se rattachant au reste, et l'élève peut suspendre ou cesser ses études sans perdre le fruit de ses travaux antérieurs. Le premier semestre contient en germe toutes les matières qui doivent être apprises par la suite ; ce germe se développe de semestre en semestre, et arrive, au douzième volume, à son parfait accroissement.

Le texte de l'ouvrage contient une partie dogmatique, présentée par demandes et réponses. L'auteur a pensé avec raison que les principes et les faits se gravent mieux par ce moyen mécanique, qui agit sur la mémoire. Dans la seconde partie, l'intelligence a sa part et peut se nourrir de développements en style ordinaire, qui rendent plus saisissante et plus agréable l'idée contenue déjà dans la réponse. J'ai remarqué aussi que cette forme, moins rigoureuse, a été employée pour les connaissances d'une utilité plus secondaire : ainsi, la botanique, les éléments du blason, et autres notions de luxe, apparaissent comme autant d'appendices. Ces diverses parties sont d'ailleurs traitées avec le plus grand soin. Pour les notions d'histoire naturelle, par exemple, M. Baude adopte une forme presque oratoire, vivement colorée, qui doit frapper l'imagination. La littérature est enseignée par des principes que viennent corroborer les exemples; et ces exemples, en vers et en prose, sont choisis de manière à rappeler, pour le fond, l'enseignement historique développé dans le volume dont ils font partie. Rien de plus louable assurément que cette connexion entre les différentes parties du Cours. On a dit qu'un père de famille pourrait, au moyen des innombrables manuels et des traductions qui fourmillent, pourvoir lui seul à l'instruction de son fils, tandis qu'il ne trouverait aucun guide pour élever et instruire sa fille. On est fondé à dire qu'il n'en est plus ainsi aujourd'hui : M. Baude a publié une encyclopédie véritable où les personnes qui s'occupent d'instruire les jeunes filles trouveront toutes les indications qu'elles peuvent désirer. Et, en même temps que les institutrices auront dans les mains un manuel complet et suffisant, les élèves pourront se servir du même livre pour apprendre d'une façon convenable et surtout pour comprendre leurs leçons.

H. MILLE-Noé.

SOUVENIR. — Ce journal de la haute société rendait compte de notre Cours dans les termes suivants :

Le bibliophile qui ne regarde pas les livres seulement pour en donner le titre et le millésime, mais qui les ouvre soigneusement et les déguste pour savoir le goût et la qualité du breuvage qu'il veut recommander à ses lecteurs, celui-là, dis-je, est heureux lorsque l'œuvre consciencieuse se présente à lui, et qu'il peut dire en toute sécurité à son public : « Prenez et lisez; vous avez là un bon livre. Approchez-vous du vase et buvez; vous avez là le cordial le plus substantiel que main de mère ait pu vous préparer. » — Je me trouve aujourd'hui dans le cas de ce bibliophile privilégié... j'ai à vous parler du *Cours d'études* complet et gradué pour les filles, que M. Le Chevalier publie sous le titre si simple et en même temps si heureusement logique de : *Cahiers d'une Élève de Saint-Denis*.

Combien de mères, ayant le temps de diriger l'instruction de leurs filles, ont jusqu'à présent regretté de n'avoir pas de guide à suivre pour bien remplir cette mission si haute et si délicate ! Ce qui existe depuis de longues années dans l'enseignement universitaire pour les jeunes gens, je veux dire la gradation méthodique des études, n'existait pas encore pour les jeunes personnes... Je me trompe, cette gradation existait, elle existe encore dans une institution unique, celle de la maison de la Légion-d'Honneur de Saint-Denis; mais cette maison, dépositaire d'un trésor en fait de plan scolaire, s'en est constituée la gardienne si sévère que rien n'en transpire au dehors. Je remercierai donc et je louerai hautement la bienfaisante indiscrétion de l'éditeur, lequel a su, pourvu ainsi dire, forcer la consigne, en me hâtant de dire qu'il n'a d'ailleurs emprunté que le plan et la méthode.

Avec cette publication d'un intérêt si puissant, toute mère peut devenir l'institutrice de sa fille en la gardant près d'elle au lieu de l'envoyer au pensionnat, et, détail qui n'est pas à dédaigner par ce temps de luxe stérile en fait d'ouvrages d'instruction, elle peut également suppléer les nombreuses séries de livres que six années de travail doivent forcer d'acquérir.

Quant à la marche graduée de ce Cours d'études, elle est aussi logique que son titre. L'enseignement y est réparti en six *années*, divisées elles-mêmes en semestres. Chaque année renferme une période complète ou ce qu'on appelle une *classe*. Les matières y sont traitées de telle sorte que si, par des circonstances de fortune, de temps ou de nécessité, les études devaient s'interrompre, elles se trouveraient néanmoins proportionnellement complètes à quelque point qu'on les abandonnât, parce que l'instruction y remplit toujours un cadre entier qui s'étend de plus en plus, suivant le temps qu'on lui consacre, mais qui, allant du plus élémentaire au plus élevé, se trouve avoir effleuré dans ses premières années les mêmes points qui se développent et s'approfondissent dans les dernières.

F. FERTIAULT.

UNION FRANC-COMTOISE. — Ces Cahiers comprennent six années d'études. Il y a deux volumes par année, deux cahiers préliminaires et un cahier complémentaire, en tout quinze volumes. Une jeune fille est prise à l'enfance, lorsqu'elle ne sait point encore les lettres de l'alphabet et qu'il faut les lui apprendre, jusqu'à l'époque où elle doit quitter l'étude telle qu'on la donne dans les maisons d'éducation, pour commencer d'autres travaux non moins importants, ceux qu'une femme chrétienne ne cesse d'accomplir pendant sa vie, dans quelque rang que la société qu'elle se trouve. Nous ne croyons pas qu'il existe dans la librairie un cours plus complet, mieux ordonné, plus attrayant que le Cours d'étu des dont nous allons entretenir nos lecteurs. Que de fois n'avons-nous pas entendu des mères de familles se plaindre, se désoler de n'avoir aucun guide pour l'éducation de leurs filles, de manquer d'une direction sage, prudente, qui ne laisse rien au hasard, qui ne fasse étudier que ce qu'il faut retenir; de n'avoir pas un cours d'études dont chaque leçon puisse servir de base à la leçon qui suit, et qui comprenne tout ce qu'une femme jouissant des dons de la fortune doit savoir. Ces vœux sont exaucés, ces désirs légitimes sont satisfaits. Les *Cahiers d'une Élève de Saint-Denis* comblent cette lacune, et répondent à un besoin universelle ment reconnu.

Ah ! c'est que rien de plus grave, de plus important qu'une instruction sérieuse pour une femme ; la mère le sent pour sa fille ; le père, qui sait par expérience combien la culture de l'esprit sert l'éducation morale, la confirme et la consolide lorsque cette culture est nourrie à l'aide des meilleurs principes, est souvent dans une anxiété extrême, en songeant à la difficulté d'obtenir pour sa fille une instruction qui réponde à ses desseins. Il y a là une grande tâche que plusieurs, malgré eux, laissent trop incomplète; mais les *Cahiers d'une Élève de Saint-Denis* que nous signalons seront, pour les mères de famille qui font élever leurs filles dans leur propre maison, et pour les maîtresses de pension, d'un grand secours, et le guide le plus précieux.

Les deux premiers cahiers comprennent tout ce qui est nécessaire pour apprendre à lire et les connaissances élémentaires qu'il faut donner aux enfants avant de les appliquer à des études plus sérieuses. Cet enseignement est entremêlé de choses curieuses et illustré de gravures fort bien faites, pour aider dans ses progrès la jeune intelligence que l'on cultive. L'enfant s'instruit et s'amuse : c'est le plus utile moyen pour qu'il prenne goût à l'étude et pour graver dans sa mémoire ce que la mémoire doit retenir. Nous avons fort goûté un dictionnaire étymologique qui se trouve déjà à la fin de ces deux cahiers. Il y a l'explication des mots dont l'enfant se sert, et cette connaissance, ignorée souvent des élèves les plus avancés, nous semble de nature à mieux frapper l'enfant, tout en lui découvrant le vrai sens des choses et des expressions nouvelles qu'il apprend.

Dès que la jeune fille a l'âge de raison, dès qu'on peut espérer qu'une étude sérieuse ne sera pas contraire à sa santé, il faut commencer d'une manière définitive le cours d'instruction. Ce cours, dans l'ouvrage dont nous parlons, est divisé en six années, nous l'avons déjà dit. Il y a deux volumes par année. Tout y est traité par gradation, selon le développement de la jeune fille : grammaire, histoire, géographie, cosmographie, arithmétique, littérature, philosophie, arts, religion, tout s'y trouve. La nourriture intellectuelle est distribuée avec ménagement, prudence, discrétion, grand esprit de suite, pour s'accommoder à la force de l'âge et à l'intelligence que l'on cultive. Lhomond et Rollin ont passé par là.

L'esprit des *Cahiers d'une Élève de Saint-Denis* est religieux, comme il convient à tout ce qui est destiné à être mis entre les mains des enfants. Le style en est simple, clair et correct. Point de phrases inutiles ni enflées.

Mais ce qui mérite surtout d'être remarqué, c'est la méthode. Depuis le premier cahier jusqu'au dernier, l'enseignement se développe graduellement avec un art infini, de sorte que l'élève qui étudie et qui retient ce qu'elle étudie possède, la sixième année, l'instruction la plus variée et la plus complète.

Il n'y a rien de nouveau dans ces Cahiers. Ce qu'on y lit est déjà dans d'autres volumes ; mais sait-on les réunir pour l'instruction d'une jeune fille ; sait-on les proportionner à son âge ; sait-on diviser l'enseignement pour que ce qui précède serve de fondement à ce qui va suivre ?

C'est sur ce point surtout que les *Cahiers d'une Élève de Saint-Denis* seront utiles. N'y prendrait-on que la méthode et la division de l'enseignement, ce serait un immense service que les dames qui en sont les auteurs auraient rendu. Mais, outre la méthode, il y a dans ces Cahiers des parties admirablement traitées, et d'autres qui, bien que moins parfaites, nous semblent répondre suffisamment à l'enseignement pour lequel elles ont été écrites.

Il y a dans ce Cours d'études des citations nombreuses, des exemples, des modèles pour tous les genres et pour toutes les parties de la littérature. C'est ce qu'il faut lire et d'autres qu'il faut retenir pour en orner sa mémoire et son esprit. Ces citations sont choisies avec goût et appropriées aux leçons. Ces Cahiers contiennent l'ensemble des connaissances humaines. Il a fallu de longues études pour les acquérir, et un vrai talent pour les exprimer avec la méthode et l'art qu'on y remarque. Nous ne croyons pas que rien d'aussi complet ait été encore écrit dans la langue française pour l'enseignement des jeunes filles.

Les *Cahiers de Saint-Denis* permettront à une mère de famille, si elle en a le temps, d'aborder, avec tout le succès qu'elle peut désirer, l'éducation de sa fille, et à une foule de maisons d'éducation de modifier utilement leur plan d'enseignement.

Avec cette conviction, nous avons cru que c'était pour nous un devoir de signaler ces Cahiers à l'attention des mères, des pères de famille, comme à celle des instituteurs et des institutrices.

J. NICHEL,
Rédacteur en chef de l'*Union-Franc-Comtoise*.

Paris — Typogr. COSSON et COMP., rue du Four-Saint-Germain, 43.

COURS
DE LECTURE

ERRATA

Page 26, ligne 11. Au lieu de *apres voir*, lisez APRÈS AVOIR.
Page 27, ligne 4. Au lieu de *cmoposc*, lisez COMPOSE.
Page 32, ligne 7. Supprimez *ji*.
Page 84, ligne 7. Supprimez *j-i*.
Page 54. Au lieu de *questions*, lisez OBSERVATIONS.

PARIS. — IMPRIMERIE DE J. CLAYE, RUE SAINT-BENOIT, 7

COURS
DE LECTURE

Cahiers d'une Élève de Saint-Denis

COURS D'ÉTUDES COMPLET ET GRADUÉ

PAR

DEUX ANCIENNES ÉLÈVES DE LA MAISON DE LA LÉGION D'HONNEUR

ET

M. LOUIS BAUDE
Ancien Professeur au Collége Stanislas

CAHIER PRÉLIMINAIRE

PREMIÈRE PARTIE

ILLUSTRÉE D'UN GRAND NOMBRE DE GRAVURES SUR BOIS

1re Section : Syllabaire. — Alphabet illustré. — Signes orthographiques.
2e Section : Prononciations variables, Sons équivalents, Exceptions, Difficultés.
3e Section : Premières Lectures courantes : 1° Contes moraux, Maximes, Prières; 2° Lectures instructives : Fêtes et solennités de l'église pendant les quatre saisons de l'année ; 3° Lectures récréatives : Les Jeux de l'Enfance.

Prix : Broché, 2 fr. Cartonné, 2 fr. 25

(50 centimes en plus par la poste)

PARIS
PAULIN ET LE CHEVALIER, ÉDITEURS
RUE DE RICHELIEU, 60

1856

CAHIERS
D'UNE ÉLÈVE DE SAINT-DENIS

Cahier Préliminaire

COURS DE LECTURE

Ce cours de Lecture est divisé en trois sections :

1° Syllabaire ou prononciations générales. (Pages 9 à 86.)

2° Prononciations particulières, sons équivalents, exceptions et difficultés. (Pages 87 à 120.)

3° Premières lectures courantes. (Pages 121 à 137.)

Les exemples que nous donnons sont gradués, et ne contiennent, autant que possible, ni syllabe ni mot dont la prononciation anticipe sur ce que l'élève ne peut encore savoir ou deviner.

OBSERVATIONS PRÉLIMINAIRES

Avant d'apprendre à lire, l'enfant sait déjà parler, c'est-à-dire que, sans autre guide que la nature, sans avoir lu et sans savoir encore ce que c'est qu'un *substantif*, un *adjectif*, un *verbe*, etc., il est parvenu, chose merveilleuse! à s'exprimer en sa langue mieux que jamais étranger ne parviendra à le faire avec tous les secours de l'âge, de la science et de la réflexion. L'enfant a entendu parler, et il parle. Il faut en dire autant de la lecture. Lisez, et l'enfant lira après vous, un peu plus tôt, un peu plus tard. Ce n'est donc seulement qu'une affaire de temps, et toute la difficulté se réduit visiblement à abréger le temps par la simplification du procédé scientifique qui vient en aide à la nature et à son incompréhensible sagacité. Toute méthode qui se propose un autre but est une méthode radicalement fausse, contraire au bon sens, et qu'il faut absolument rejeter. Il vaudrait mieux prendre tout d'abord le premier livre venu et y jeter l'enfant sans préparation : on réussirait aussi vite et d'une manière moins déraisonnable.

Tous les procédés mécaniques auxquels on a eu recours et auxquels on s'adresse journellement, peuvent, si l'on veut, apprendre plus vite le mécanisme de la lecture : ils ne donneront jamais la connaissance ineffaçable des principes.

Il existe, entre autres, une méthode datant de 1815, vulgarisée depuis par de nombreux imitateurs qui n'ont varié que dans le mode de confection des ustensiles ou des appareils. Au moyen de ces méthodes, on a obtenu, par hasard, des résultats prodigieux de rapidité, surtout avec des adultes; en quelques semaines, les plus habiles lisaient couramment dans tout livre : la mécanique avait fonctionné devant eux, ils continuaient à fonctionner comme elle, mais ils n'avaient point acquis la théorie, *la science de l'art de lire.*

La méthode vraie, l'unique méthode à suivre pour apprendre à lire aux enfants, est d'aller pas à pas sans jamais anticiper sur ce qui doit suivre.

Ainsi, LES MOTS SONT COMPOSÉS DE LETTRES. Il est clair que la première chose à faire, c'est d'apprendre à l'enfant à connaître la forme et le nom des lettres; à savoir quel est leur nombre, quelles sont leurs différentes espèces. Que ces lettres soient bien imprimées et en gros caractères, cela suffit. Il s'agit seulement de frapper les yeux.

Les mots sont composés de syllabes. Le second exercice consiste donc à faire pour les syllabes ce qu'on a fait pour les lettres isolées. Mais, parmi les syllabes, les unes ont une prononciation INVARIABLE, les autres une prononciation VARIABLE; et c'est ici, c'est-à-dire à partir des exceptions, que commence la lecture proprement dite, ou lecture des mots entiers et même des phrases entières.

En effet, si l'on nous demandait comment se prononce la syllabe *er*, nous répondrions que cela dépend du mot auquel appartient cette syllabe; que, dans le mot *écolier*, elle se prononce *é*; mais que, dans les mots *fer*, *ver*, etc., elle se prononce *ère*.

Il s'ensuit donc qu'il est impossible, d'avance et par abstraction, c'est-à-dire indépendamment du mot et de sa véritable signification, de faire connaître à l'enfant la prononciation variable des syllabes sans lui lire préalablement, ou sans lui faire lire tant bien que mal le mot auquel appartient la syllabe. Il ne faut pas s'effrayer ici de la difficulté. Quand on est arrivé aux exceptions variables, la lecture des mots entiers est soutenue, pour l'élève, par la connaissance déjà acquise des prononciations invariables. Ainsi, dans *écolier*, l'élève sait déjà prononcer les syllabes invariables *é*, *co* et *li*, avant d'arriver à la prononciation variable de la syllabe *er*.

Concluons donc que c'est à force d'épeler (¹) que l'on apprend à lire, comme c'est à force de balbutier qu'on a appris à parler.

On objectera peut-être que les enfants n'ont pas tous la même activité d'intelligence, et que cette différence d'aptitude semble exiger deux sortes des méthode. Un peu de réflexion suffit pour nous faire sentir que la méthode doit être la même, puisque toute méthode qui mérite ce nom, n'est jamais que la simplification des moyens scientifiques et le chemin le plus court pour arriver au but. Seulement, comme il n'y a pas d'enseignement muet, c'est-à-dire d'enseignement sans maître qui le dirige et le vivifie, ce qu'il y a à faire, pour les intelligences lentes et paresseuses, c'est de redoubler de patience et de zèle. Aimons l'enfant que nous voulons instruire, et la vraie méthode ne nous manquera jamais.

---

(1) Voir la note de la page 27.

DÉNOMINATIONS ANCIENNES ET NOUVELLES

DES LETTRES DE L'ALPHABET

Avant de passer outre, c'est-à-dire avant d'aborder nos premières leçons, nous devons mettre les mères et les institutrices à même de fixer leur choix sur deux modes d'appellation différents, l'ancien et le nouveau.

Suivant l'ancien mode, les lettres consonnes s'appellent :

B	C	D	F	G	H	J	K	L	M
bé	cé	dé	ef	gé	ache	ji	ka	el	em

N	P	Q	R	S	T	V	X	Z
en	pé	qu	er	es	té	vé	ix	zed

C'est-à-dire que les sept consonnes B, C, D, G, P, T, V, se nomment en leur ajoutant la voyelle *é* fermé :

BÉ CÉ DÉ GÉ PÉ TÉ VÉ ;

Que les six consonnes F, L, M, N, R, S, se nomment en les faisant précéder de la voyelle *e* muet :

EF EL EM EN ER ES ;

Que H se nomme en faisant précéder cette lettre de la voyelles *a* ;

K, en le faisant suivre de *a* ;

J, en le faisant suivre de *i* ;

X, en le faisant précéder de *i* ;

Q, en le faisant suivre de *u* ;

Et Z, en y ajoutant *ed*.

D'après le nouveau mode, la voyelle E s'appelle *eu*, comme dans *hEUre*, et non È comme dans l'ancien mode, et toutes les consonnes se nomment au moyen de l'addition de la voyelle *e* muet, que l'on prononce *eu*, et l'on dit :

B	D	F	H	J	L	M
beu	deu	feu	heu	jeu	leu	meu

N	P	R	S	T	V	Z
neu	peu	reu	seu	teu	veu	zeu

C, K et Q, s'appellent pareillement *queu, queu, queu* ;

G s'appelle *gueu* ;

Et X s'appelle *cseu*.

Nous ne nous prononcerons sur le mérite du nouveau mode qu'en nous bornant à dire que nous conservons l'ancien.

Nous devons néanmoins prévenir les mères, que la connaissance et l'application du nouveau mode sont obligatoires dans les examens que subissent les jeunes personnes qui se destinent à l'enseignement.

CAHIERS
D'UNE ÉLÈVE DE SAINT-DENIS

Cahier Préliminaire

COURS DE LECTURE

PREMIÈRE SECTION

SYLLABAIRE

ou

PRONONCIATIONS GÉNÉRALES

PREMIÈRE LEÇON

L'objet de cette première leçon est de rendre l'élève capable :

1° de connaître parfaitement la *forme* et le *nom* des LETTRES,

tant MAJUSCULES que MINUSCULES,

et de les distinguer les unes des autres dans le premier livre venu ;

2° de les nommer de mémoire dans l'ORDRE ALPHABÉTIQUE.

Tant que ce double résultat n'est pas atteint, il faut recommencer, et toujours recommencer, avant de passer outre.

PREMIÈRE LEÇON

1re Journée

ALPHABET DES GRANDES LETTRES OU MAJUSCULES

A B C D E F
G H I J K L
M N O P Q R
S T U V W X
Y Z

On apprendra de vive voix à l'élève que l'*alphabet* (1) est le nom qu'on donne à la réunion de toutes les lettres dont on se sert pour écrire tous les mots de la langue.

---

(1) Les étymologies ne pouvant que compliquer les premières idées de l'enfant, il faut se borner à la définition du mot. Cependant, si l'élève demandait pourquoi la réunion de nos lettres s'appelle *alphabet*, on pourrait lui dire que ce nom vient du nom des deux premières lettres, A et B, que les Grecs appelaient *alpha* et *béta*, d'où *alphabet*.

On lui dirait aussi que les grandes et les petites lettres prennent les noms de *majuscules* et de *minuscules* des deux mots latins *majus*, plus grand, et *minus*, plus petit.

SUITE DE LA PREMIÈRE LEÇON

2e Journée

ALPHABET DES PETITES LETTRES OU MINUSCULES

a b c d e⁽¹⁾ f g
h i j k l m n
o p q r s t u
v w x y z

On apprendra à l'élève que les lettres de la langue française sont au nombre de vingt-six [2], y compris le double v qui, n'étant en réalité que le *v* ajouté à lui-même, a pris néanmoins rang dans notre alphabet comme lettre particulière pour les mots étrangers que notre langue a adoptés.

---

(1) Ce n'est pas le moment de faire remarquer à l'élève que, dans la composition des mots, on distingue l'*e* muet, l'*é* fermé, l'*è* grave et l'*ê* ouvert. Il ne s'agit ici que du nom alphabétique de cette lettre.

(2) Un enfant a l'idée du nombre, c'est-à-dire de l'unité et de la pluralité, tout aussi bien que le plus grand mathématicien ; seulement, il ignore encore le nom des différents nombres ; mais à chaque chose son temps.

ALPHABET ILLUSTRÉ

DES

LETTRES MAJUSCULES ET MINUSCULES

Exercices récréatifs

SUR LES 1re ET 2e JOURNÉES

ALPHABET ILLUSTRÉ

SUITE DE LA PREMIÈRE LEÇON
ET DES EXERCICES RÉCRÉATIFS
SUR LES DEUX PREMIÈRES JOURNÉES

ALPHABET ILLUSTRÉ

SUITE DE LA PREMIÈRE LEÇON
ET DES EXERCICES RÉCRÉATIFS

SUR LES DEUX PREMIÈRES JOURNÉES

image

Imprimerie

justice

Jumeaux

kiosque

Kanguroo

lapin

Labourage

COURS DE LECTURE. — SYLLABAIRE.

ALPHABET ILLUSTRÉ

SUITE DE LA PREMIÈRE LEÇON

ET DES EXERCICES RÉCRÉATIFS
SUR LES DEUX PREMIÈRES JOURNÉES

ménage — Maçonnerie

navire — Nature

oiseau — Ours

paradis — Iaques

ALPHABET ILLUSTRÉ

SUITE DE LA PREMIÈRE LEÇON
ET DES EXERCICES RÉCRÉATIFS

SUR LES DEUX PREMIÈRES JOURNÉES

quenouille — Queteuse

ruche — Réprimande

source — Serment

trombone — Télescope

COURS DE LECTURE. — SYLLABAIRE.   17

ALPHABET ILLUSTRÉ

SUITE DE LA PREMIÈRE LEÇON
ET DES EXERCICES RÉCRÉATIFS

SUR LES DEUX PREMIÈRES JOURNÉES

urne
Union

vierge
Vieillard

wiski
Wagon

xystique
Xylographe

ALPHABET ILLUSTRÉ

SUITE DE LA PREMIÈRE LEÇON
ET DES EXERCICES RÉCRÉATIFS

SUR LES DEUX PREMIÈRES JOURNÉES

Un XYLOGRAPHE est un graveur sur bois. C'est un xylographe qui a gravé, avec son burin, les bois sur lesquels un artiste avait dessiné les vingt-six lettres illustrées que nous venons de voir.

Les XYSTIQUES étaient des hommes qui, dans l'antiquité, luttaient en public pour se disputer le prix de la lutte.

DEUXIÈME LEÇON

DES VOYELLES ET DES CONSONNES

3e Journée

Il est impossible de passer à la prononciation des syllabes sans avoir fait remarquer à l'enfant qu'on distingue deux sortes de lettres :

LES VOYELLES,

ou lettres ayant un son par elles-mêmes ;

LES CONSONNES,

ou lettres n'ayant un son qu'avec le secours des voyelles (1).

VOYELLES

Il y en a six.

A E I O U et Y*
a e i o u et y*

(* y qu'on appelle *i* grec.)

---

(1) On rendra sensible cette différence en disant à l'élève : Prononcez, par exemple, la voyelle *a*. — Essayez maintenant de prononcer les consonnes *bc* ou *cd*.
On prendra garde à ce que l'enfant, dans cet essai, ne confonde pas les noms alphabétiques des consonnes avec leur son ou prononciation dans la composition des syllabes.

SUITE DE LA DEUXIÈME LEÇON

4e Journée

CONSONNES

Il y en a vingt.

B C D F G H J K L M
b c d f g h j k l m

N P Q R S T V W X Z
n p q r s t v w x z

a, voyelle.   b, consonne.

FIN DE LA DEUXIÈME LEÇON

5ᵉ Journée

EXERCICES

On exercera l'enfant à saisir la différence qui existe entre les lettres *voyelles*, qui ont un son par elles-mêmes, et les lettres *consonnes*, qui n'ont de son qu'avec le secours des voyelles.

On lui dira : Prononcez *a*; prononcez *e*; prononcez *i*; prononcez *o*; prononcez *u*; et naturellement l'enfant prononcera ces lettres en émettant leur son.

Puis on lui dira : Prononcez *b*, *c*, *d*, etc.

L'enfant sera disposé à dire *bé*, *cé*, *dé*, etc.; on lui fera observer alors qu'il indique le nom de ces lettres, mais qu'il ne peut en émettre le son, puisqu'elles n'en ont pas par elles-mêmes; et on lui donnera pour exemple *bs*, *vr*, *ln*, *lt*, *bt*, dont la prononciation est impossible.

Pour bien fixer l'enfant, on lui dira :

Mettons la voyelle *a* entre les consonnes *b* et *s*, et au lieu de ces deux consonnes, qui ne nous rendent aucun son, nous avons, avec l'aide de la voyelle *a*, le mot BAS;

Mettons la voyelle *e* entre les deux consonnes *vr* et nous avons VER, la voyelle *e* donnant à la fois un son à la consonne *v* qui la précède et à la consonne *r* qui la suit;

Mettons la voyelle *i* entre les consonnes *ln* et nous avons LIN;

Mettons la voyelle *o* entre les consonnes *lt* et nous avons LOT;

Mettons la voyelle *u* entre *bt* et nous avons BUT.

(On cherchera à multiplier ces exemples.)

TROISIÈME LEÇON

DES DIFFÉRENTES ESPÈCES D'E

6e Journée

Il y a quatre sortes d'*e* :
e muet, e fermé, e grave, e ouvert.

E muet

La leçon en famille est la plus agréable.

Il se prononce comme dans *l*e*çon*, s'il est au milieu du mot ; et, s'il est à la fin du mot, il ne laisse entendre qu'un son presque insensible comme dans *famill*e, *agréabl*e, *livr*e.

É fermé

Les prix sont la récompense du travail de l'année

Il se prononce comme dans *bont*é, à la fin des mots ; dans *agr*é*able*, *ann*ée et *r*é*compense*, au milieu des mots ; et comme dans *É*ternel, *É*trennes, au commencement des mots.

FIN DE LA TROISIÈME LEÇON

DES DIFFÉRENTES ESPÈCES D'E

7e Journée

È grave

La grand'mère berce et caresse son petit-enfant.

Il se prononce soit au commencement, soit au milieu des mots comme dans *père*, *Ève*, *mère*.

Ê ouvert

L'Être suprême nous donne tous les fruits de la terre.

Qui se prononce comme le précédent, et que l'on trouve dans les mots où, dans l'ancienne orthographe française, l'*e* était suivi de *s*, comme *estre*, dont nous avons fait *être*.

On distingue l'*é* fermé, l'*è* grave et l'*ê* ouvert de l'*e* muet, au moyen de signes placés sur les trois premiers.

Ces signes s'appellent ACCENTS.

QUATRIÈME LEÇON

DES ACCENTS

8e Journée

Nous venons de voir qu'au moyen de trois signes, qu'on appelle *accents*, on crée trois nouvelles espèces d'*e* ; disons tout de suite que :

L'accent placé sur l'*E* fermé (é) s'appelle *accent aigu :* il est penché en avant.

L'accent placé sur l'*E* grave (è) s'appelle *accent grave :* il est penché en arrière.

L'accent placé sur l'*E* ouvert (ê) s'appelle *accent circonflexe :* il est formé des deux premiers accents.

L'accent *circonflexe* (^) se place aussi quelquefois sur les autres voyelles pour en prolonger le son et le rendre plus grave ; ainsi :

L'accent *circonflexe* placé sur Â, comme dans *pâte*
(pâte pour faire du pain.)
donne à l'*â* un son différent de *a* dans *patte* d'animal ;
donne à l'*â* dans *âne* un son différent de *a* dans ANIMAUX.

Un âne savant ne peut plaire qu'aux sots.

L'accent *circonflexe* placé sur Ê, comme dans *fête*,
donne à l'*ê* un son différent de *e* dans SERVIETTE ;
donne à l'*ê* dans *être* un son différent de *e* dans *leçon* (ainsi que nous l'avons vu à la précédente journée).

FIN DE LA QUATRIÈME LEÇON

DES ACCENTS

9ᵉ Journée

L'accent *circonflexe* placé sur Î, comme dans *gîte*,
donne à l'*î* un son différent de *i* dans *petite*;
donne à l'*î*, comme dans *île*, un son différent de *i* dans *fertile*.

La fraîcheur de l'eau rend les îles fertiles.

L'accent *circonflexe* placé sur Ô, comme dans *trône*,
donne à l'*ô* un son différent de *o* dans *couronne, colonne*;
donne à l'*ô* dans *aumône* un son différent de *o* dans *patronne*.

Le plus beau privilége du trône est de pouvoir
aider les malheureux.

L'accent *circonflexe* placé sur Û, comme dans *mûre*
(fruit du mûrier)
donne à l'*û* un son différent de *u* dans *parure* et *murmure*.

Un ruisseau qui *murmure* coule au pied de ce mur,
que recouvrent des *mûres*.

CINQUIÈME LEÇON

RÉCAPITULATION

10e Journée

Nous connaissons la forme et le nom de toutes les lettres de l'*alphabet*.

Nous savons qu'il y en a vingt-six et qu'elles se divisent en six *voyelles* et vingt *consonnes*.

Nous savons encore qu'on distingue quatre sortes d'E : l'*e muet*, l'*é fermé*, l'*è grave* et l'*ê ouvert*.

Nous avons appris enfin qu'il y a trois sortes d'*accent* : l'accent *aigu*, l'accent *grave* et l'accent *circonflexe*.

Il s'agit maintenant de passer à la prononciation des *syllabes*, après voir fait à l'élève les questions suivantes :

1. Pourquoi la réunion des lettres s'appelle-t-elle *alphabet* ? (Voir note 1, page 10.)
2. Combien y a-t-il de lettres dans l'alphabet ?
3. Combien y a-t-il d'espèces de lettres ?
4. Combien y a-t-il de *voyelles* ?
5. Quelles sont-elles ?
6. Combien y a-t-il de *consonnes* ?
7. Quelles sont-elles ?
8. Combien y a-t-il d'espèces d'E ?
9. Combien y a-t-il d'espèces d'*accents* ?

SIXIÈME LEÇON

SYLLABES DE DEUX LETTRES
COMMENÇANT PAR UNE CONSONNE

dont la prononciation est invariable ou la plus ordinaire.

11e Journée

On expliquera d'abord qu'une *syllabe* est la réunion de plusieurs lettres qu'on prononce ensemble, c'est-à-dire sans nommer chaque lettre l'une après l'autre; et qu'un mot se cmopose d'autant de syllabes qu'on fait entendre de sons distincts en le prononçant (1).

sont des lettres.

ma, ta, sa, toi, moi, lui
sont des syllabes.

papa, maman, frère, ami, travail.
sont des mots.

---

(1) L'épellation est-elle bonne ou mauvaise? c'est une question oiseuse, pour ne pas dire plus. Quand l'enfant n'épellerait pas des lèvres, il épellerait mentalement, puisqu'il lui est impossible de prononcer les syllabes sans reconnaître les lettres qui les composent.

SUITE DE LA SIXIÈME LEÇON
12e Journée

La nuance de son qui distingue l'accent grave de l'accent circonflexe n'étant pas assez sensible, il est inutile de consacrer une syllabe à ce dernier accent.

Ba	Be	Bé	Bè	Bi	Bo	Bu	By
ba	be	bé	bè	bi	bo	bu	by
Ca(1)	Ce	Cé	Cè	Ci	Co(1)	Cu(1)	Cy
ca	ce	cé	cè	ci	co	cu	cy
Da	De	Dé	Dè	Di	Do	Du	Dy
da	de	dé	dè	di	do	du	dy
Fa	Fe	Fé	Fè	Fi	Fo	Fu	Fy
fa	fe	fé	fè	fi	fo	fu	fy
Ga	Ge(2)	Gé(2)	Gè(2)	Gi(2)	Go	Gu	Gy(2)
ga	ge	gé	gè	gi	go	gu	gy
Ha	He	Hé	Hè	Hi	Ho	Hu	Hy
ha	he	hé	hè	hi	ho	hu	hy
Ja	Je	Jé	Jè	»	Jo	Ju	»
ja	je	jé	jè	»	jo	ju	»
Ka	Ke	Ké	Kè	Ki	Ko	Ku	Ky
ka	ke	ké	kè	ki	ko	ku	ky
La	Le	Lé	Lè	Li	Lo	Lu	Ly
la	le	lé	lè	li	lo	lu	ly

(1) Devant *a*, *o* et *u*, le c prend le *son dur* et se prononce comme le k. — Devant *e*, *i* et *y*, il prend le *son doux* et se prononce comme l's.

(2) Devant *e*, *i* et *y*, le g prend le *son doux* et se prononce comme le j.

SUITE DE LA SIXIÈME LEÇON

CONTINUATION DE LA 12e JOURNÉE

13e Journée

Ma	Me	Mé	Mè	Mi	Mo	Mu	My
ma	me	mé	mè	mi	mo	mu	my
Na	Ne	Né	Nè	Ni	No	Nu	Ny
na	ne	né	nè	ni	no	nu	ny
Pa	Pe	Pé	Pè	Pi	Po	Pu	Py
pa	pe	pé	pè	pi	po	pu	py
Ra	Re	Ré	Rè	Ri	Ro	Ru	Ry
ra	re	ré	rè	ri	ro	ru	ry
Sa	Se[1]	Sé[1]	Sè[1]	Si[1]	So	Su	Sy[1]
sa	se	sé	sè	si	so	su	sy[2]
Ta	Te	Té	Tè	Ti	To	Tu	Ty
ta	te	té	tè	ti[3]	to	tu	ty
Va	Ve	Vé	Vè	Vi	Vo	Vu	Vy
va	ve	vé	vè	vi	vo	vu	vy
Xa	Xe	Xé	Xè	Xi	Xo	Xu	Xy
xa	xe	xé	xè	xi	xo	xu	xy
Za	Ze	Zé	Zè	Zi	Zo	Zu	Zy
za	ze	zé	zè	zi	zo	zu	zy

(1) S devant e, i, y, se prononce comme c devant les mêmes voyelles, sauf les exceptions que l'on verra plus loin.

(2) On s'occupera plus tard des cas où la lettre s a le son du z.

(3) On s'occupera pareillement plus tard des cas où la lettre t prend le son de l's.

SUITE DE LA SIXIÈME LEÇON

*MÊMES SYLLABES QU'AUX JOURNÉES 12 ET 13
MAIS PRÉSENTÉES DANS UN ORDRE DIFFÉRENT*

14ᵉ Journée

A

Ba	Ca	Da	Fa	Ga	Ha	Ja	Ka	La
ba	ca	da	fa	ga	ha	ja	ka	la
Ma	Na	Pa	Ra	Sa	Ta	Va	Xa	Za
ma	na	pa	ra	sa	ta	va	xa	za

E

Be	Ce	De	Fe	Ge	He	Je	Ke	Le
be	ce	de	fe	ge	he	je	ke	le
Me	Ne	Pe	Re	Se	Te	Ve	Xe	Ze
me	ne	pe	re	se	te	ve	xe	ze

É

Bé	Cé	Dé	Fé	Gé	Hé	Jé	Ké	Lé
bé	cé	dé	fé	gé	hé	jé	ké	lé
Mé	Né	Pé	Ré	Sé	Té	Vé	Xé	Zé
mé	né	pé	ré	sé	té	vé	xé	zé

È

Bè	Cè	Dè	Fè	Gè	Hè	Jè	Kè	Lè
bè	cè	dè	fè	gè	hè	jè	kè	lè
Mè	Nè	Pè	Rè	Sè	Tè	Vè	Xè	Zè
mè	nè	pè	rè	sè	tè	vè	xè	zè

SUITE DE LA SIXIÈME LEÇON

CONTINUATION DE LA 14ᵉ JOURNÉE

15ᵉ Journée

I

Bi	Ci	Di	Fi	Gi	Hi	»	Ki	Li
bi	ci	di	fi	gi	hi	»	ki	li
Mi	Ni	Pi	Ri	Si	Ti	Vi	Xi	Zi
mi	ni	pi	ri	si	ti	vi	xi	zi

O

Bo	Co	Do	Fo	Go	Ho	Jo	Ko	Lo
bo	co	do	fo	go	ho	jo	ko	lo
Mo	No	Po	Ro	So	To	Vo	Xo	Zo
mo	no	po	ro	so	to	vo	xo	zo

U

Bu	Cu	Du	Fu	Gu	Hu	Ju	Ku	Lu	Mu
bu	cu	du	fu	gu	hu	ju	ku	lu	mu
Nu	Pu	Qu[1]	Ru	Su	Tu	Vu	Xu	Zu	
nu	pu	qu	ru	su	tu	vu	xu	zu	

Y

By	Cy	Dy	Fy	Gy	Hy	»	Ky	Ly
by	cy	dy	fy	gy	hy	»	ky	ly
My	Ny	Py	Ry	Sy	Ty	Vy	Xy	Zy
my	ny	py	ry	sy	ty	vy	xy	zy

[1] La *consonne* Q ne se trouve jamais que devant la *voyelle* U.

SUITE DE LA SIXIÈME LEÇON

QUESTIONS A FAIRE
SUR LES 12e, 13e, 14e, ET 15e JOURNÉES

16e Journée

Comment écrit-on ([1]) :

ba	be	bé	bè	bi	bo	bu
ca	ce	cé	cè	ci	co	cu
da	de	dé	dè	di	do	du
fa	fe	fé	fè	fi	fo	fu
ga	ge	gé	gè	gi	go	gu
ha	he	hé	hè	hi	ho	hu
ja	je	jé	jè	ji	jo	ju
ka	ke	ké	kè	ki	ko	ku
la	le	lé	lè	li	lo	lu
ma	me	mé	mè	mi	mo	mu
na	ne	né	nè	ni	no	nu
pa	pe	pé	pè	pi	po	pu
»	»	»	»	»	»	qu
ra	re	ré	rè	ri	ro	ru
sa	se	sé	sè	si	so	su
ta	te	té	tè	ti	to	tu
va	ve	vé	vè	vi	vo	vu
xa	xe	xé	xè	xi	xo	xu
za	ze	zé	zè	zi	zo	zu

([1]) Les questions peuvent être posées dans un autre ordre que ci-dessus; en les faisant on se borne à énoncer la syllabe.

SUITE DE LA SIXIÈME LEÇON

SUITE DES QUESTIONS
A FAIRE SUR LES 12e, 13e, 14e ET 15e JOURNÉES

17e Journée

Comment prononce-t-on ([1]) :

b-a	b-e	b-é	b-è	b-i	b-o	b-u
c-a	c-e	c-é	c-è	c-i	c-o	c-u
d-a	d-e	d-é	d-è	d-i	d-o	d-u
f-a	f-e	f-é	f-è	f-i	f-o	f-u
g-a	g-e	g-é	g-è	g-i	g-o	g-u
h-a	h-e	h-é	h-è	h-i	h-o	h-u
j-a	j-e	j-é	j-è	j-i	j-o	j-u
k-a	k-e	k-é	k-è	k-i	k-o	k-u
l-a	l-e	l-é	l-è	l-i	l-o	l-u
m-a	m-e	m-é	m-è	m-i	m-o	m-u
n-a	n-e	n-é	n-è	n-i	n-o	n-u
p-a	p-e	p-é	p-è	p-i	p-o	p-u
»	»	»	»	»	»	q-u
r-a	r-e	r-é	r-è	r-i	r-o	r-u
s-a	s-e	s-é	s-è	s-i	s-o	s-u
t-a	t-e	t-é	t-è	t-i	t-o	t-u
v-a	v-e	v-é	v-è	v-i	v-o	v-u
x-a	x-e	x-é	x-è	x-i	x-o	x-u
z-a	z-e	z-é	z-è	z-i	z-o	z-u

(1) En questionnant l'élève, on doit énoncer chaque lettre séparément.

SUITE DE LA SIXIÈME LEÇON

EXERCICES (¹)
SUR LES 12e, 13e, 14e, 15e, 16e ET 17e JOURNÉES

18e Journée

Mots de 2 syllabes.	Mots de 3 syllabes.	Mots de 4 syllabes.
Pa ge	Ma da me	Fi la tu re
Pa pa	So phi e	Pri me vè re
So lo	Tu li pe	A né mo ne
Pa pe	Ma ri a	Fé li ci té
Jo li	To pa ze	Ca mé li a
Zè le	Ga mi ne	Ma ca ro ni

(Choisir d'autres mots et y exercer l'élève.)

Un lazzarone de Naples mangeant le *macaroni*.

---

(1) Il faut, autant que possible, choisir des mots qui ne contiennent pas des sons encore inconnus à l'élève ; et, pour les mots choisis ici, il faut d'abord lire la première colonne contenant les mots de deux syllabes ; puis passer à la colonne des mots de trois syllabes, pour finir par la troisième colonne qui contient des mots de quatre syllabes.

FIN DE LA SIXIÈME LEÇON

CONTINUATION DES EXERCICES DE LA 18e JOURNÉE

19e Journée

Zé ro	O xi de	Do ci li té
Mè re	Nu di té	Pa no ra ma
Ma ri	So na te	Ca ro li ne
Mo de	Do mi no	So li tu de
Ma re	Dé lu ge	A ma bi li té
Ro be	Sa la de	Vé lo ci pè de
Pè re	Fi gu re	Ca lo ri fè re
Lo to	Ca ra fe	Bé a ti tu de

(Choisir d'autres mots et y exercer l'élève, mais en ayant toujours soin d'éviter les syllabes qu'il ne peut encore connaître.)

La *carafe* est sur la *table*.

SEPTIÈME LEÇON

SYLLABES DE DEUX LETTRES
COMMENÇANT PAR UNE VOYELLE

dont la prononciation est invariable ou la plus ordinaire.

20ᵉ Journée

Ab	Eb	Ib	Ob	Ub
ab	eb	ib	ob	ub
Ac	Ec	Ic	Oc	Uc
ac	ec	ic	oc	uc
Ad	Ed	Id	Od	Ud
ad	ed	id	od	ud
Af	Ef	If	Of	Uf
af	ef	if	of	uf
Ag	Eg	Ig	Og	Ug
ag	eg	ig	og	ug
Ah	Eh	«	Oh	Uh
ah	eh	«	oh	uh
Aj	Ej	«	Oj	Uj
aj	ej	«	oj	uj
Ak	Ek	«	Ok	Uk
ah	ek	«	ok	uk
Al	El	Il	Ol	Ul
al	el	il	ol	ul

SUITE DE LA SEPTIÈME LEÇON

CONTINUATION DE LA 20ᵉ JOURNÉE

21ᵉ Journée

Am	Em	Im	Om	Um [1]	»
am	em	im	om	um	»
An	En	In	On	Un [2]	»
an	en	in	on	un	»
Ap	Ep	Ip	Op	Up	Yp
ap	ep	ip	Op	up	yp
Ar	Er	Ir	or	Ur	Yr
ar	er	ir	or	ur	yr
As	Es	Is	Os	Us	»
as	es	is	os	us	»
At	Et	It	Ot	Ut	Yt
at	et	it	ot	ut	yt
Av	Ev	Iv	Ov	Uv	Yv
av	ev	iv	ov	uv	yv
Ax	Ex	Ix	Ox	Ux	»
ax	ex	ix	ox	ux	»
Az	Ez	Iz	Oz	Uz	»
az	ez	iz	oz	uz	»

---

(1) La prononciation de ces syllabes doit être nasale, quand elles sont suivies d'une syllabe commençant par une consonne, comme dans *ambition, embarras, impérial, ombrelle*, etc., c'est-à-dire que l'on doit prononcer comme s'il y avait *an, in, on, un*, sauf les exceptions.

(2) C'est ici le lieu de prémunir l'élève contre une faute qu'on ne fait que trop souvent. Beaucoup de personnes prononcent *enorgueillir, enivrer*, comme *énerver, émerveiller*, sans remarquer que dans *enivrer, enorgueillir*, la consonne *n* n'appartient pas à la seconde syllabe, mais à la première, et qu'il faut la prononcer comme dans *ennuyer*, par exemple.

SUITE DE LA SEPTIÈME LEÇON

MÊMES SYLLABES QU'AUX JOURNÉES 20 ET 21
MAIS PRÉSENTÉES DANS UN AUTRE ORDRE.

22e Journée

A

Ab	Ac	Ad	Af	Ag	Ah	Aj	Ak	Al
ab	ac	ad	af	ag	ah	aj	ak	al
Am	An	Ap	Ar	As	At	Av	Ax	Az
am	an	ap	ar	as	at	av	ax	az

E

Eb	Ec	Ed	Ef	Eg	Eh	Ej	Ek	El
eb	ec	ed	ef	eg	eh	ej	ek	el
Em	En	Ep	Er	Es	Et	Ev	Ex	Ez
em	en	ep	er	es	et	ev	ex	ez

I

Ib	Ic	Id	If	Ig	«	«	«	Il
ib	ic	id	if	ig	«	«	«	il
Im	In	Ip	Ir	Is	It	Iv	Ix	Iz
im	in	ip	ir	is	it	iv	ix	iz

SUITE DE LA SEPTIÈME LEÇON

CONTINUATION DE LA 22e JOURNÉE

23e Journée

O

Ob	Oc	Od	Of	Og	Oh	Oj	Ok	Ol
ob	oc	od	of	og	oh	oj	ok	ol
Om	On	Op	Or	Os	Ot	Ov	Ox	Oz
om	on	op	or	os	ot	ov	ox	oz

U

Ub	Uc	Ud	Uf	Ug	Uh	Uj	Uk	Ul
ub	uc	ud	uf	ug	uh	uj	uk	ul
Um	Un	Up	Ur	Us	Ut	Uv	Ux	Uz
um	un	up	ur	us	ut	uv	ux	uz

Y

Yb	Yc	Yd	Yf	Yg	Yh	Yj	Yk	Yl
yb	yc	yd	yf	yg	yh	yj	yk	yl
Ym	Yn	Yp	Yr	Ys	Yt	Yv	Yx	Yz
ym	yn	yp	yr	ys	yt	yv	yx	yz

SUITE DE LA SEPTIÈME LEÇON

QUESTIONS
A FAIRE SUR LES 20e, 21e, 22e ET 23e JOURNÉES

24e Journée

Comment écrit-on[1] :

ab	eb	ib	ob	ub	»
ac	ec	ic	oc	uc	»
ad	ed	id	od	ud	»
af	ef	if	of	uf	»
ag	eg	ig	og	ug	»
ah	eh	»	oh	uh	»
aj	ej	»	oj	uj	»
ak	ek	»	ok	uk	»
al	el	il	ol	ul	»
am	em	im	om	um	»
an	en	in	on	un	»
ap	ep	ip	op	up	yp
aq	eq	iq	oq	uq	»
ar	er	ir	or	ur	»
as	es	is	os	us	»
at	et	it	ot	ut	»
av	ev	iv	ov	uv	»
ax	ex	ix	ox	ux	»
az	ez	iz	oz	uz	»

---

(1) Les questions peuvent être posées dans un autre ordre que celui ci-dessus.

SUITE DE LA SEPTIÈME LEÇON

25e Journée

(En questionnant l'élève, on doit énoncer séparément chaque lettre.)

Comment prononce-t-on (¹) :

a–b	e–b	i–b	o–b	u–b	»
a–c	e–c	i–c	o–c	u–c	»
a–d	e–d	i–d	o–d	u–d	»
a–f	e–f	i–f	o–f	u–f	»
a–g	e–g	i–g	o–g	u–g	»
a–h	e–h	»	o–h	u–h	»
a–j	e–j	»	o–j	u–j	»
a–k	e–k	»	o–k	u–k	»
a–l	e–l	i–l	o–l	u–l	»
a–m	e–m	i–m	o–m	u–m	»
a–n	e–n	i–n	o–n	u–n	»
a–p	e–p	i–p	o–p	u–p	y–p
a–q	e–q	i–q	o–q	u–q	»
a–r	e–r	i–r	o–r	u–r	»
a–s	e–s	i–s	o–s	u–s	»
a–t	e–t	i–t	o–t	u–t	y–t
a–v	e–v	i–v	o–v	u–v	y–v
a–x	e–x	i–x	o–x	u–x	»
a–z	e–z	i–z	o–z	u–z	»

(1) En interrogeant l'élève, ne pas suivre l'ordre des questions qui précèdent.

SUITE DE LA SEPTIÈME LEÇON

EXERCICES (¹)

SUR LES 20e, 21e, 22e, 23e, 24e ET 25e JOURNÉES

26e Journée

Â me	A bî me	A va ri ce
A re	A da ge	A li é né
Ab bé	A dè le	A mé ri que
Ac te	A do ré	A xi o me
Al be	Ac cu sé	Ac ti vi té
An ge	Af fi dé	Ac ca pa ré
É lu	É tu de	É lé gan ce
É pi	É li se	É cu el le
El le	Es ti me	É ga li té
È re	E xi lé	É mi nen ce
É té	É cha las	Ex a mi né
É cho	Em pi re	En rô lé

---

(1) S'exercer d'abord sur les mots de la première colonne, puis sur ceux de la seconde, pour finir par la troisième.

FIN DE LA SEPTIÈME LEÇON

CONTINUATION DES EXERCICES
SUR LES 20e, 21e, 22e, 23e, 24e ET 25e JOURNÉES

27e Journée

I ci	I dé al	I ma gi né
I re	I do le	Im bé ci le
Î le	I ma ge	Im pé ri al
I vre	Im pu ni	Im pi é té
In de	Im po sé	In ha bi le
Im bu	In ci vil	In cu ra ble

Ob it	O pé ra	O cu lis te
Ob jet	O bli gé	O xy gè ne
Of fre	O cé an	Oc ci pi tal
Om bre	Ob te nu	Oc to go ne
On de	Oc ta ve	Oc to po de
On cle	Of fi ce	On to lo gie

U nir	U ni té	U ti li té
U ne	U ni on	U to pi e
U se	U ti le	U su ri er
U sé	U ra nus	Us ten si le
Uh lan	Ul cè re	U na ni mi té

HUITIÈME LEÇON

SYLLABES DE TROIS ET QUATRE LETTRES

DANS LESQUELLES LA PREMIÈRE CONSONNE EST SUIVIE DE L, ET DONT LA PRONONCIATION EST INVARIABLE

28e Journée

bla	ble	blé	blè	bli	blo	blu	bly
cla	cle	clé	clè	cli	clo	clu	cly[1]
fla	fle	flé	flè	fli	flo	flu	fly
gla	gle	glé	glè	gli	glo	glu	gly
kla	kle	klé	klè	kli	klo	klu	kly[1]
pla	ple	plé	plè	pli	plo	plu	ply
sla	sle	slé	slè	sli	slo	slu	sly
vla	vle	vlé	vlè	vli	vlo	vlu	vly

---

(1) Nous savons que *k* et *c* ont la même prononciation devant une consonne.

COURS DE LECTURE. — SYLLABAIRE. 43

SUITE DE LA HUITIÈME LEÇON

QUESTIONS
A FAIRE SUR LA 28e JOURNÉE

29e Journée

Comment écrit-on :

bla	cla[1]	kla[2]	fla	gla	pla	sla	vla
ble	cle	kle	fle	gle	ple	sle	vle
blé	clé	klé	flé	glé	plé	slé	vlé
blè	clè	klè	flè	glè	plè	slè	vlè
bli	cli	kli	fli	gli	pli	sli	vli
blo	clo	klo	flo	glo	plo	slo	vlo
blu	clu	klu	flu	glu	plu	slu	vlu
bly	cly	kly	fly	gly	ply	sly	vly

Flamands et Flamandes.

(1) Par C.   (2) Par K.

3.

SUITE DE LA HUITIÈME LEÇON

QUESTIONS
A FAIRE SUR LA 28e JOURNÉE

30e Journée

Comment prononce-t-on :

b-l-a	b-l-e	b-l-é	b-l-è	b-l-i	b-l-o	b-l-u	b-l-y
c-l-a	c-l-e	c-l-é	c-l-è	c-l-i	c-l-o	c-l-u	c-l-y
k-l-a	k-l-e	k-l-é	k-l-è	k-l-i	k-l-o	k-l-u	k-l-y
f-l-a	f-l-e	f-l-é	f-l-è	f-l-i	f-l-o	f-l-u	f-l-y
ph-l-a	ph-l-e	ph-l-é	ph-l-è	ph-l-i	ph-l-o	ph-l-u	ph-l-y
g-l-a	g-l-e	g-l-é	g-l-è	g-l-i	g-l-o	g-l-u	g-l-y
p-l-a	p-l-e	p-l-é	p-l-è	p-l-i	p-l-o	p-l-u	p-l-y
s-l-a	s-l-e	s-l-é	s-l-è	s-l-i	s-l-o	s-l-u	s-l-y
v-l-a	v-l-e	v-l-é	v-l-è	v-l-i	v-l-o	v-l-u	v-l-y

La PLume est souvent *plus* dangereuse que le GLaive.
On dit aussi qu'un coup de langue est *plus* dangereux qu'un coup de lance.

FIN DE LA HUITIÈME LEÇON

EXERCICES
sur les 28e, 29e et 30e journées

31e Journée

Blà me — Bla son — Blet te — Blè me
Blo cus — Blu et — Ou bli — Fa ble

Cla ve cin — Clé men ce — Clé ma ti te
Cli mat — Cli ent — Clo che — Clô tu re
Clu tel le

Fla con — Flé chir — Flè che — Flo con
Flu et

Gla ce — Gla cis — Gla pir — Glè be
Glo be — Gly ci ne

Kla vais — Kli pdas — Klo po de

Pla ce — Pla ge — Pla cet — Pla ta ne
Plè be — Pli a ble — Plo er mel — Plu tôt
Plu me — Plu met

Sla ve — Sla von — Vla di mir

Quand on est obligé, pour donner des exemples, d'employer des mots dont l'enfant ignore entièrement le sens, il n'y a point à s'en préoccuper. Il s'agit de prononciation et rien de plus ; on doit donc passer outre.

NEUVIÈME LEÇON

SYLLABES DE TROIS ET DE QUATRE LETTRES

DANS LESQUELLES LA PREMIÈRE CONSONNE EST SUIVIE DE R
ET DONT LA PRONONCIATION EST INVARIABLE.

32ᵉ Journée

bra	bre	bré	brè	bri	bro	bru	bry
cra	cre	cré	crè	cri	cro	cru	cry
dra	dre	dré	drè	dri	dro	dru	dry
fra	fre	fré	frè	fri	fro	fru	fry
gra	gre	gré	grè	gri	gro	gru	gry
kra	kre	kré	krè	kri	kro	kru	kry
pra	pre	pré	prè	pri	pro	pru	pry
tra	tre	tré	trè	tri	tro	tru	try
vra	vre	vré	vrè	vri	vro	vru	vry

SUITE DE LA NEUVIÈME LEÇON

QUESTIONS
A FAIRE SUR LA 32e JOURNÉE

33e Journée

Comment écrit-on :

bra	bre	bré	brè	bri	bro	bru	bry
cra[1]	cre	cré	crè	cri	cro	cru	cry
kra[2]	kre	kré	krè	kri	kro	kru	kry
dra	dre	dré	drè	dri	dro	dru	dry
fra	fre	fré	frè	fri	fro	fru	fry
gra	gre	gré	grè	gri	gro	gru	gry
pra	pre	pré	prè	pri	pro	pru	pry
tra	tre	tré	trè	tri	tro	tru	try
vra	vre	vré	vrè	vri	vro	vru	vry

Remus et Romulus, frères jumeaux, allaités par une louve.

---

(1) Par C.   (2) Par K.

SUITE DE LA NEUVIÈME LEÇON

34e Journée

Comment prononce-t-on :

b-r-a   b-r-e   b-r-é   b-r-è   b-r-i   b-r-o   b-r-u   b-r-y

c-r-a   c-r-e   c-r-é   c-r-è   c-r-i   c-r-o   c-r-u   c-r-y

k-r-a   k-r-e   k-r-é   k-r-è   k-r-i   k-r-o   k-r-u   k-r-y

d-r-a   d-r-e   d-r-é   d-r-è   d-r-i   d-r-o   d-r-u   d-r-y

f-r-a   f-r-e   f-r-é   f-r-è   f-r-i   f-r-o   f-r-u   f-r-y

g-r-a   g-r-e   g-r-é   g-r-è   g-r-i   g-r-o   g-r-u   g-r-y

p-r-a   p-r-e   p-r-é   p-r-è   p-r-i   p-r-o   p-r-u   p-r-y

t-r-a   t-r-e   t-r-é   t-r-è   t-r-i   t-r-o   t-r-u   t-r-y

v-r-a   v-r-e   v-r-é   v-r-è   v-r-i   v-r-o   v-r-u   v-r-y

Dans l'antiquité, les vainqueurs se contentaient de recevoir pour PRIX une BRANCHE de chêne ou de laurier.

SUITE DE LA NEUVIÈME LEÇON

EXERCICES
sur les 32e, 33e et 34e journées

35e Journée

Bra va de — Bra ve — Bra vo — Bre ton
Bri è ve té — Bre lan — Brè ve — Bry on

Cra va te — Cré a tu re — Cré dit
Cri me — Cri ble — Cro che — Cro co di le
Cru au té — Cru di té — Cri stal — Cry pte

Dra gée — Dra gon — Dre lin — Drê che
Dro gue — Drô le — Dru i de — Dry a de

Fra cas — Fra gi le — Fra ter nel — Frê le
Fré ga te — Fré mir — Frè re — Fri me
Fri re — Fro ma ge — Fron ton — Fru gal
Fru gi vo re

Grâ ce — Gra din — Grê le — Gre nat
Gre lot — Gri ef — Gri ma ce — Gro tes que
Gru yè re

FIN DE LA NEUVIÈME LEÇON

CONTINUATION DE LA 35ᵉ JOURNÉE

36ᵉ Journée

Pra ti que — Pra li ne — Prê tre — Pro lo gue
Pro ver be — Pro vi den ce — Pru den ce
Pru ne

Tra cas — Tra jet — Trè fle — Tri bu
Tri bun — Tri bu nal — Tri cy cle
Tri om phe — Trô ne — Tru el le

Vrac (1) — A vril

Le pauvre homme n'est pas près d'avoir pris sa voiture.

---

(1) Dans ces exercices, qu'on ne s'étonne pas de trouver des mots peu connus et de ne point trouver des mots d'un usage constant, comme ici *vrac* au lieu de *vrai*; nous le faisons avec intention, ne voulant exercer l'enfant que sur des syllabes connues pour lui jusqu'ici. Or, il connaît la syllabe *ac*, et il ne connaît pas encore la prononciation de *ai*; il ne le saura que lorsqu'il aura appris les diphthongues.

DIXIÈME LEÇON
SYLLABES DE TROIS ET DE QUATRE LETTRES
D'UNE PRONONCIATION GÉNÉRALEMENT INVARIABLE
Sauf les exceptions avec lesquelles les questions et exercices suivants familiariseront

37ᵉ Journée

cha che ché chè chi cho chu chy
chla chle chlé chlè chli chlo chlu chly
gna gne gné gnè gni gnó gnu gny
gua gue gué guè gui guo » guy
pha phe phé phè phi pho phu phy[1]
qua que qué què qui quo qu'u[2] quy
rha rhe rhé rhè rhi rho rhu rhy[3]
chra chre chré chrè chri chro chru chry

On peut se borner à faire bien regarder par l'enfant ces syllabes, sans essayer de les lui faire lire avant d'avoir passé aux questions ci-après.

Le Chameau est un des animaux les plus utiles à l'homme.

---

(1) *Pha, phe, phi*, etc., se prononcent comme *fa, fe, fi*, etc.
(2) *Qu'u*. Voir ci-après les signes orthographiques.
(3) Dans *rha, rhe, rhi*, etc., l'*h* ne se fait pas sentir, et l'on prononce comme s'il y avait *ra, re, ri*, etc.

SUITE DE LA DIXIÈME LEÇON

QUESTIONS
À FAIRE SUR LA 37e JOURNÉE

38e Journée

1re D. Que doit-on remarquer dans les syllabes CHA, CHE, etc. ?

R. 1° Que l'H entre le C, et les voyelles A, O et U, adoucit le son du C, et que ces syllabes, au lieu d'être prononcées KA, KO, KU, prennent un son modifié et adouci, comme dans *cha*peau, *cho*se, *chu*te ;

2° Qu'au contraire, l'H entre le C et les voyelles E, I et Y durcit le son du C, et qu'au lieu d'être prononcées SE, SI, SY, ces syllabes prennent un son modifié et plus dur, comme dans *che*val, *chi*corée, *chy*le ;

3° Que ces syllabes se prononcent en *respirant* légèrement.

2e D. Que doit-on remarquer dans les syllabes GNA, GNE ?

R. Qu'elles ont un son à peu près nasal, et qu'elles se prononcent en *aspirant* légèrement.

3e D. Que doit-on remarquer sur les syllabes GUA, GUE, GUÉ ?

R. Qu'elles se prononcent en une simple émission de voix, comme dans *gue*non ; excepté la syllabe GUA, qui se prononce quelquefois comme si elle était écrite *gou a*. Exemple : GUA*no*.

4ᵉ D. Quelle remarque doit-on faire sur les syllabes PHA, PHE?

R. Qu'elles se prononcent comme si elles étaient écrites FA, FE.

5ᵉ D. Que doit-on remarquer sur les syllabes QUA, QUE, QUI, etc.?

R. Qu'elles se prononcent comme si elles étaient écrites KA, KE, KI, etc., excepté les syllabes QUA et QUE qui se prononcent quelquefois comme si elles étaient écrites *coua* et *cue*. Exemple : QUA*drupède*, QUE*steur*.

6ᵉ D. Quelle remarque y-a-t-il à faire sur les syllabes RHA, RHE, etc., et CHRA, CHRE, etc.?

R. Qu'elles se prononcent comme s'il n'y avait pas d'H entre l'R et la voyelle;

Ou entre le C et l'R.

Le *tigre* est un des plus beaux QUAdrupèdes, c'est-à-dire des animaux à QUAtre pieds.

Le *ouistiti*, petite espèce de singe, est un QUAdrumane, c'est-à-dire animal à QUAtre mains.

SUITE DE LA DIXIÈME LEÇON

SYLLABES DE TROIS ET DE QUATRE LETTRES

39ᵉ Journée

Comment écrit-on :

cha	chla	gua	pha	qua	rha	chra
che	chle	gue	phe	que	rhe	chre
ché	chlé	gué	phé	qué	rhé	chré
chè	chlè	guè	phè	què	rhè	chrè
chi	chli	gui	phi	qui	rhi	chri
cho	chlo	guo	pho	quo	rho	chro
chu	chlu	»	phu	qu'u	rhu	chru
chy	chly	guy	phy	quy	rhy	chry

L'*Ornythorynque* et le Phoque

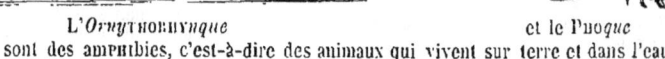

sont des amphibies, c'est-à-dire des animaux qui vivent sur terre et dans l'eau.

SUITE DE LA DIXIÈME LEÇON

SYLLABES DE TROIS ET DE QUATRE LETTRES

40ᵉ Journée

Comment prononce-t-on :

c-h-a	c-h-l-a	g-u-a	ph-a	q-u-a	r-h-a	c-h-r-a
c-h-e	c-h-l-e	g-u-e	ph-e	q-u-e	r-h-e	c-h-r-e
c-h-é	c-h-l-é	g-u-é	ph-é	q-u-é	r-h-é	c-h-r-é
c-h-è	c-h-l-è	g-u-è	ph-è	q-u-è	r-h-è	c-h-r-è
c-h-i	c-h-l-i	g-u-i	ph-i	q-u-i	r-h-i	c-h-r-i
c-h-o	c-h-l-o	g-u-o	ph-o	q-u-o	r-h-o	c-h-r-o
c-h-u	c-h-l-u	»	ph-u	q-u'-u	r-h-u	c-h-r-y
c-h-y	c-h-l-y	g-u-y	ph-y	q-u-y	r-h-y	c-h-r-y

Le *Bec-Ouvert*, espèce de Cigogne, et le *Casoar*, espèce d'Autruche, sont des oiseaux échassiers, ainsi nommés parce qu'ils ont des jambes longues comme des échasses.

SUITE DE LA DIXIÈME LEÇON

EXERCICES
sur les 37e, 38e, 39e et 40e journées

41e Journée

Che val — Cha pel le — Ché rir — Chi ca ne
Chô ma ge — Chu te — Chy le — Chy pre
Chla my de — Chlo re — Chlo ru re
chrê me — Chri sti a nis me — Chri sti ne
Chro ma ti que — Chry sa li de

Ma gna ni me — Cy gne — Ma gni fi cen ce

Gua no — Gua de lou pe — Gue non
Guê pe — Guê tre — Gué rir — Gui
Gui pu re — Gui ta re — Guy en ne

Le CHEval est la plus belle conquête de l'homme.

FIN DE LA DIXIÈME LEÇON

CONTINUATION DES EXERCICES
SUR LES 37e, 38e, 39e ET 40e JOURNÉES

42e Journée

Pha lan ge — Pha lan stè re — Pho que
Phé no mè ne — Phi lip pe — Phi lo so phe
Phy si que

Qua li té — Qua ran te — Que rel le
Qui con que — Qui ni ne — Quo li bet
Quo ti dien — Qu' une — Qua dra tu re

Rha bil la ge — Rhé to ri que
Rhi no cé ros — Rho do lè ne
Rho do re — Rhu bar be — Rhu ma tis me
Co quet

La *Bouquetière* est aussi fraîche
que ses bouquets.

ONZIÈME LEÇON

SYLLABES DE TROIS LETTRES COMMENÇANT PAR UNE CONSONNE LIÉE A UNE AUTRE CONSONNE

43ᵉ Journée

sca	sce	scé	scè	sci	sco	scu	scy
sga	»	»	»	»	sgo	sgu	»
sha	she	shé	»	shi	sho	»	»[1]
»	»	»	»	ski	sko	sku	»
sla	sle	slé	slè	sli	slo	slu	sly
sma	sme	smé	smè	smi	smo	smu	smy
spa	spe	spé	spè	spi	spo	spu	spy
squa	sque	squé	squè	squi	squo	»	squy
sra	sre	sré	srè	sri	sro	sru	sry
sta	ste	sté	stè	sti	sto	stu	sty

Le repas de cette famille paraît plus sto*machique* qu'agréable.

---

(1) *Sh* se prononcent comme *ch*.

SUITE DE LA ONZIÈME LEÇON

QUESTIONS

A FAIRE SUR LA 43e JOURNÉE

44e Journée

Comment écrit-on :

sca	sga	sha	»	sla	sma	spa	squa	sra	sta
sce	»	she	»	sle	sme	spe	sque	sre	ste
scé	»	shé	»	slé	smé	spé	squé	sré	sté
scè	»	»	»	slè	smè	spè	squè	srè	stè
sci	»	shi	ski	sli	smi	spi	squi	sri	sti
sco	sgo	sho	sko	slo	smo	spo	squo	sro	sto
scu	sgu	»	sku	slu	smu	spu	»	sru	stu
scy	»	»	»	sly	smy	spy	squy	sry	sty

Le jeu de *brisque* peut être amusant, mais je préfère ne pas y jouer.

SUITE DE LA ONZIÈME LEÇON

QUESTIONS
A FAIRE SUR LES 43e ET 44e JOURNÉES

45e Journée

Comment prononce-t-on :

s-c-a	s-g-a	s-h-a	»	s-l-a	s-m-a	s-p-a	s-r-a	s-t-a
s-c-e	»	s-h-e	»	s-l-e	s-m-e	s-p-e	s-r-e	s-t-e
s-c-é	»	s-h-é	»	s-l-é	s-m-é	s-p-é	s-r-é	s-t-é
s-c-è	»	»	»	s-l-è	s-m-è	s-p-è	s-r-è	s-t-è
s-c-i	»	s-h-i	s-k-i	s-l-i	s-m-i	s-p-i	s-r-i	s-t-i
s-c-o	s-g-o	s-h-o	s-k-o	s-l-o	s-m-o	s-p-o	s-r-o	s-t-o
s-c-u	s-g-u	»	s-k-u	s-l-u	s-m-u	s-p-u	s-r-u	s-t-u
s-c-y	»	»	»	s-l-y	s-m-y	s-p-y	s-r-y	s-t-y

On peut effacer les traces que laissent les chaines de l'esclavage, mais on ne peut effacer les STIGMATES du déshonneur.

F N DE LA ONZIÈME LEÇON

EXERCICES

SUR LES 43e, 44e ET 45e JOURNÉES

46e Journée

Sca pu lai re — Sca ra béc — Scé lé rat — Scè ne

Sci e

Smi lax

Sci en ce

Spa tu le

Spi ra le

Spa das sin

Spi ri tu el

Sga na rel le

Spo li a tif

Spu mo si té

Spé ci a li té

Sta de

Sta tue

Sté ri le

Sti bé e

Spo ra de

Stu pi de

Sto ï cis me

Sta bi li té

Sco las ti que

Sté no gra phe

Sto ma chi que

Ce Religieux porte un scapulaire.

Spra rag din — Sti pu ler — Sty le — Sty let

DOUZIÈME LEÇON

SYLLABES DE TROIS LETTRES COMMENÇANT PAR LA LETTRE S SUIVIE DE DEUX CONSONNES

47ᵉ Journée

scra scre scré scrè scri scro scru scry
spla sple splé splè spli splo splu sply
stra stre stré strè stri stro stru stry

QUESTIONS A FAIRE
SUR LES SYLLABES CI-DESSUS

Comment écrit-on :

scra spla stra scre sple stre
scré splé stré scrè splè strè
scri spli stri scro splo stro
scru splu stru scry sply stry

Le choc des verres est STRident.

SUITE DE LA DOUZIÈME LEÇON

48ᵉ Journée

Comment prononce-t-on :

s-c-r-a	s-p-l-a	s-t-r-a	s-c-r-e	s-p-l-e	s-t-r-e
s-c-r-é	s-p-l-é	s-t-r-é	s-c-r-è	s-p-l-è	s-t-r-è
s-c-r-i	s-p-l-i	s-t-r-i	s-c-r-o	s-p-l-o	s-t-r-o
s-c-r-u	s-p-l-u	s-t-r-u	s-c-r-y	s-p-l-y	s-t-r-y

EXERCICES
POUR LES JOURNÉES 47 ET 48

Scra ma sa xe — Scri be — Scro fu le
Scru pu le — Scru tin

Splé ni te

Stra bis me — Stra té gie — Stre let
Stro ma te — Stru mo si té — Stru gu le
Sty le

On reconnaît un homme à son style.

4.

SUITE DE LA DOUZIÈME LEÇON

EXERCICES
SUR TOUTES LES JOURNÉES PRÉCÉDENTES

49ᵉ Journée

Blé — Rè gle — Ca dre — Qua li té
Cri ble — Pro pre té — Cri — Re pli
Fle xi ble — Spi ra le — Gla ce — Trè fle
Bra ce let — Glo be — Quo li bet — Sin ge
Cha ri té — Fru ga li té — Phy si que
Quê te — Plu me — Cra va te — Li vre
Kle phte — Spi ri tu el — Pru ne
Fra cas ser — Scie rie — Sla ve — Mi ra cle
Sta de — Frè re — Mè tre — Pra li ne
Sti mu ler — Cha ri té — Ca mé lé on

Le CAMÉLÉON est une espèce de lézard dont
les couleurs changent à vue d'œil.

FIN DE LA DOUZIÈME LEÇON

SUITE DES EXERCICES
SUR TOUTES LES JOURNÉES PRÉCÉDENTES

50ᵉ Journée

Mas que — Tro phée — Chè vre — Pha re
Rhu me — Glè be — Pho que — Fro ment
Rhé to ri que — Rhi no cé ros — Sto re
Gro tes que — Sty let — Vi gne — Fro ment
I gno ran ce — Scru pu le — Sa cris tie
Sa phir — Té lé gra phe — Chris ti ne
Pro phè te — É gra ti gnu re — Sta tue
Gui ta re — Co que lu che — Spec ta cle
Ba gue — Cer vel le — Ma gua ni mi té
Scè ne — Pé des tre — Sur plis — Es pa don

L'Espadon est un gros poisson de mer, dont la mâchoire supérieure est armée d'une espèce d'épée.

TREIZIÈME LEÇON

UNE VOYELLE *PLACÉE ENTRE DEUX* CONSONNES

Nota. Il faut remarquer que toutes les *syllabes* des deux tableaux ci-après commencent par B, suivi successivement de chacune des six voyelles, suivies elles-mêmes de chacune des vingt consonnes.

Il faut supposer vingt tableaux disposés de même, dans chacun desquels la consonne commençant le monosyllabe serait successivement chacune de nos vingt consonnes, c'est-à-dire que les syllabes des deux tableaux suivants commenceraient par C, puis par D, puis par F, par G, par J, etc., pour se terminer comme les syllabes ci-après.

51ᶜ Journée

bab	beb	bib	bob	bub	byb
bac	bec	bic	boc	buc	byc
bad	bed	bid	bod	bud	byd
baf	bef	bif	bof	buf	byf
bag	beg	big	bog	bug	byg
bah	beh	bih	boh	buh	byh
baj	bej	bij	boj	buj	byj
bak	bek	bik	bok	buk	byk
bal	bel	bil	bol	bul	byl
bam	bem	bim	bom	bum	bym

SUITE DE LA TREIZIÈME LEÇON

CONTINUATION DE LA 51e JOURNÉE

52e Journée

ban	ben	bin	bon	bun	byn
bap	bep	bip	bop	bup	byp
baqu	bequ	biqu	boqu	buqu	byqu
bar	ber	bir	bor	bur	byr
bas	bes	bis	bos	bus	bys
bat	bet	bit	bot	but	byt
bav	bev	biv	bov	buv	byv
bax	bex	bix	box	bux	byx
baz	bez	biz	boz	buz	byz

Le mérite d'une bibliothèque est dans la manière dont on sait s'en servir.

SUITE DE LA TREIZIÈME LEÇON

QUESTIONS
A FAIRE SUR LES JOURNÉES 51 ET 52.

53ᵉ Journée

Comment écrit-on :

bab	beb	bib	bob	bub
cac	cec	cic	coc	cuc
dad	ded	did	dod	dud
faf	fef	fif	fof	fuf
gan	gen	gin	gon	gun
jal	jel	jil	jol	jul
lam	lem	lim	lom	lum
mar	mer	mir	mor	mur
nab	neb	nib	nob	nub
pad	ped	pid	pod	pud
ras	res	ris	ros	rus
sac	sec	sic	soc	suc
tal	tel	til	tol	tul
val	vel	vil	vol	vul

COURS DE LECTURE. — SYLLABAIRE.

SUITE DE LA TREIZIÈME LEÇON

QUESTIONS
A FAIRE SUR LES JOURNÉES 51 ET 52

54ᵉ Journée

Comment prononce-t-on :

c-a-b	c-e-b	c-i-b	c-o-b	c-u-d	c-o-l
c-o-r	c-o-v	d-a-c	d-i-b	d-e-b	d-o-s
d-u-c	f-a-l	f-o-l	f-u-m	f-i-f	l-o-r
l-a-n	l-i-t	l-o-n	m-u-r	m-i-l	m-e-n
p-a-n	p-i-n	p-i-l	p-o-r	r-a-t	r-o-t
r-o-n	r-i-z	s-a-l	s-e-l	s-i-n	s-o-l
s-o-n	s-o-t	t-a-s	t-e-l	t-i-r	t-a-s
t-o-t	v-o-l	v-i-l	v-i-s	v-o-r	c-a-n
		c-o-q	f-i-n		

Un *aqueduc* sert à conduire les eaux d'une colline à une autre, en passant parfois sur des rivières.

FIN DE LA TREIZIÈME LEÇON

EXERCICES
SUR LES JOURNÉES 51, 52, 53 ET 54

55ᵉ Journée

An ge — Bon té — An ti qui té
Lec tu re — A pos tro phe — Mar ty re
Mar bre — Ca rac tè re — Ca dran
Mon ta gne — Ma man — Pen du le
Ger be — Lam pe — A zur — Tur ban
Per le — Om brel le — Ab sur di té
Bos pho re — Fla con — Zig zag — Si gnal
Men son ge — Jus ti ce — Toc sin
Ju pon — Man chon — Por phy re
A mi don — Dis pu te — Va car me
Mor su re — Cas ca de

L'ange gardien veille sur ma petite sœur.

QUATORZIÈME LEÇON

DES VOYELLES COMPOSÉES

56ᵉ Journée

1ʳᵉ PARTIE

Outre les voyelles simples, A, E, I, O, U et Y, la langue française a des *voyelles* dites *composées*. Elles se forment de la jonction de deux voyelles simples. Ce sont : OI, OU, AU, AI, EI (Voir page 92).

Les deux premières ont une prononciation particulière.

Les trois dernières ont le son des voyelles simples auxquelles elles correspondent, et se prononcent : *au*, comme o et ô ; *ai* et *ei*, comme É et È.

Comme les voyelles simples, toutes les voyelles doubles se prononcent par une seule émission de voix. (Nous le verrons plus loin aux sons équivalents.)

VOYELLE COMPOSÉE : **OI**

Roi — Loi — Foi — Moi — Toi — Toi le
Voi le — Dor toir — La voir — Mi roir
Ti roir — A per ce voir — É cri toi re
Pré voir — Croi re — Ar moi re — Moi ne
A voi ne — Sa voir — Boi re — Droit
Foi re — Loir — Moi re — Poi tri ne
Poi lu — Roi te let — Soi rée — Voir
Toi tu re — Voi tu re

SUITE DE LA QUATORZIÈME LEÇON

56ᵉ Journée
2ᵉ PARTIE

QUESTIONS
A FAIRE SUR LA 1ʳᵉ PARTIE DE CETTE JOURNÉE

Comment écrit-on :

Ter roir — Vic toi re — La bo ra toi re
Dor toir — Mon toir — É cri toi re
Soi ré e — Toi tu re — Roi te let
A voi ne — I doi ne — Se moir — Sa voir
Ti roir — Moi ne

Comment prononce-t-on :

r-o-i l-o-i f-o-i m-o-i t-o-i
v-o-i-r c-r-o-i-r-e b-o-i-r-e d-r-o-i-t
l-o-i-r a-r-m-o-i-r-e t-o-i-t-u-r-e

(Multiplier au besoin les questions.)

Le Lion est le plus fort et le plus beau des quadrupèdes.
On l'appelle le Roi des animaux.

SUITE DE LA QUATORZIÈME LEÇON

57ᵉ Journée
1ʳᵉ PARTIE

Voyelle composée : **OU**

Cou cou — A ca jou — A ma dou — A tour
Bi jou — Bou che — Bour don — Bou ton
Cou de — Cou vert — Cou dre — Dou ble
Fou — Fou dre — Fi lou — Gou lu
Gou ver ne ment — Hou ri — Jou jou
Jou ven cel le — Lou an ge — Lou che
Mou ton — Mou che — Mou lin — Nou gat
Nou vel le — Pou dre — Pou let — Pou pon
Re tour — Rou cou le ment — Rou te
Rou gir — Sou — Sou ve nir — Tou pet
Tou che — Trou ba dour — Vau tour
Jour Vou loir.

Le *Coucou* perché au fond des bois.

SUITE DE LA QUATORZIÈME LEÇON

57ᵉ Journée

2ᵉ PARTIE

QUESTIONS

À FAIRE SUR LA PREMIÈRE PARTIE DE CETTE JOURNÉE

Comment écrit-on :

Coucou — Coudre — Couvert — Houri
Bouton — Bouche — Foudre — Jouvencelle
Goulu — Souvenir — Troubadour — Poudre
Nouvelle — Rougir, etc., etc.

Comment prononce-t-on :

r-o-u-c-o-u-l-e-m-e-n-t   j-o-u-j-o-u
a-m-a-d-o-u b-i-j-o-u v-a-u-t-o-u-r
c-o-u-d-e   p-o-u-l-e-t   v-o-u-l-o-i-r
r-o-u-t-e   t-o-u-p-e-t   r-o-u-g-i-r
j-o-u-r   t-o-u-c-h-e, etc., etc.

(Multiplier au besoin ces questions.)

FIN DE LA QUATORZIÈME LEÇON

58ᵉ Journée

EXERCICES
SUR LES JOURNÉES 56 ET 57

Sois sage pour plaire — Voici le roi
Le jour de victoire — Toi et moi — La
nouvelle du journal — La loi et (1) le droit
La jouvencelle a rougi — La bouche du goulu
Le fou du roi — Le voile noir du moine
Boire en route — Le retour de la voiture
La houri et le troubadour — L'avoine au
moulin — Le bouton moiré — Une soirée
au dortoir — Le devoir et le savoir — Le
mouton boit. — La mouche du coche — Le
joujou du poupon — L'armoire en acajou
Faire la couverture — La Seine coule
La louange touche — Savoir prévoir

---

(1) Faire remarquer, par anticipation, à l'élève que la conjonction ET se prononce comme l'e fermé (é).

QUINZIÈME LEÇON

SIGNES ORTHOGRAPHIQUES

59ᵉ Journée

Outre les trois *accents* que nous connaissons déjà, nous avons quinze *signes orthographiques* dont l'utilité sera connue plus tard; ce sont :

,	;	:	.	!
Virgule	Point et virgule	Deux points	Point	Point d'exclamation ou d'admiration
?	¨	-	( )	« »
Point d'interrogation	Tréma	Trait d'union	Parenthèses	Guillemets
'	¸	§	—	★
Apostrophe	Cédille	Paragraphe	Tiret de séparation	Astérisque

EXEMPLES

On fera seulement dire à l'enfant le nom des figures, en ajoutant quelques observations à sa portée, en lui lisant les mots dont la prononciation ne lui est pas encore connue.

1. Votre père, votre mère et votre tante viendront dîner avec nous ce soir.

2. Le jeu est nécessaire pour délasser l'esprit; mais il ne faut pas en abuser.

3. Dieu dit : « Que la lumière soit, et la lumière fut. »

4. La crainte de Dieu (dit l'Écriture sainte) est le commencement de la sagesse.

5. Quel plaisir! Quel bonheur!

6. Quelle heure est-il?

7. Moïse. — Saül ([1]).

8. Arc-en-ciel. — Chef-d'œuvre.

9. Façade. — Leçon. — Hameçon ([2]).

10. L'esprit de l'homme.

11. Les livres sont souvent divisés en chapitres, et les chapitres en §.

12. Les * servent à marquer les renvois.

(Prendre chacune de ces phrases l'une après l'autre, et demander à l'élève quels signes orthographiques il y a dans chacune d'elles.)

---

[1] Le tréma sert à isoler la voyelle qu'il surmonte, et, par conséquent, indique que cette voyelle doit être prononcée séparément. Ainsi, l'*ï* de Moïse et l'*ü* de Saül étant surmontés du tréma, on prononce : le premier, Mo-*ï*-se, tandis que le mot *moisi* se prononce moi-si; le second se prononce Sa-*ül*, tandis que dans le mot saule on prononce sau-le.

[2] Dans ces mots, *ça* et *çon* se prononcent comme *sa* et *son*, c'est-à-dire que le *ç* prend le son de *s*.

CAHIERS D'UNE ÉLÈVE DE SAINT-DENIS.

SUITE DE LA QUINZIÈME LEÇON

60ᵉ Journée
1ʳᵉ PARTIE

EXERCICES RÉCRÉATIFS

A FAIRE SUR LA 59ᵉ JOURNÉE

(avec le livre sous les yeux)

1. Quels signes orthographiques y a-t-il dans cette première phrase ?

« Ce gros papa est rond comme son pompon. »

Point.

COURS DE LECTURE. — SIGNES ORTHOGRAPHIQUES.   81

SUITE DE LA QUINZIEME LEÇON

DE LA 60e JOURNÉE

ET DES EXERCICES RÉCRÉATIFS

SUR LA 59e JOURNÉE

2. Quels signes orthographiques y a-t-il dans cette deuxième phrase ?

« Cette petite paysanne est patiente, elle attend depuis une heure. »

Quel est le premier? quel est le deuxième? quel est le troisième? quel est le dernier?

Virgule.

5.

SUITE DE LA QUINZIÈME LEÇON

DE LA 60ᵉ JOURNÉE

ET DES EXERCICES RÉCRÉATIFS

SUR LA 59ᵉ JOURNÉE

3. Quels signes orthographiques y a-t-il dans cette troisième phrase ?

« Ce jongleur se dit : Je ne laisserai pas tomber mes balles ; autrement on se moquerait de moi ? »

Quel est le premier ? quel est le deuxième, le troisième, le quatrième ? quel est le dernier ?

Deux points.

SUITE DE LA QUINZIÈME LEÇON

DE LA 60ᵉ JOURNÉE

ET DES EXERCICES RÉCRÉATIFS

SUR LA 59ᵉ JOURNÉE

4. Quels signes orthographiques y a-t-il dans cette quatrième phrase ?

« Le tambour se repose ; il est fatigué d'avoir fait ses rafla. »

Quel est le premier, le deuxième, le troisième ? quel est le dernier ?

Point et virgule.

SUITE DE LA QUINZIÈME LEÇON

DE LA 60e JOURNÉE
ET DES EXERCICES RÉCRÉATIFS
SUR LA 59e JOURNÉE

5. Quels signes orthographiques y a-t-il dans cette phrase?

« Que font-elles? — Elles reçoivent la confirmation. — Elles sont bien heureuses! »

Quel est le premier? quel est le deuxième? etc.

Point d'interrogation.

SUITE DE LA QUINZIÈME LEÇON

DE LA 60e JOURNÉE

ET DES EXERCICES RÉCRÉATIFS

SUR LA 59e JOURNÉE

6. Quels signes orthographiques y a-t-il dans cette phrase?

« Vois ce tambour-major : qu'il est grand! »

Quel est le premier? quel est le deuxième? etc.

Point d'admiration.

FIN DE LA QUINZIÈME LEÇON
DE LA 60ᵉ JOURNÉE
ET DES EXERCICES RÉCRÉATIFS
SUR LA 59ᵉ JOURNÉE

7. Quels signes orthographiques y a-t-il dans ces deux phrases?

« Que fait ce grand capitaine? — Il crie à ses guerriers cocasses : Portez armes ! »

Quel est le premier signe, le deuxième, le troisième, le quatrième, le cinquième et le sixième?

Point d'exclamation.

COURS DE LECTURE

DEUXIÈME SECTION

PRONONCIATIONS VARIABLES

SONS ÉQUIVALENTS

EXCEPTIONS ET DIFFICULTÉS

OBSERVATION IMPORTANTE

En passant des prononciations générales aux prononciations particulières, la simplification de la méthode devient plus nécessaire que jamais. A partir de ce moment, l'enfant ne peut arriver réellement à lire qu'à livre ouvert. La diversité des prononciations étant infinie et dépendant soit du mot pour les syllabes, soit du sens de la phrase pour les mots ([1]), il est évident que ce qui regarde les prononciations variables, les sons équivalents, les difficultés, les exceptions, ne doit être l'objet

---

([1]). Voir ci-après, pages 118 et suivantes, la liste des mots qui s'écrivent de même, et qui, parce qu'ils n'ont pas le même sens, se prononcent différemment.

que d'une étude sommaire. Autrement, il faudrait faire lire à l'enfant tous les mots du dictionnaire l'un après l'autre ; et encore cela ne suffirait pas, puisque un dictionnaire ne contient ni le pluriel des substantifs, ni la conjugaison des verbes.

Il est même bon, tout en allant pas à pas et méthodiquement dans l'étude spéciale de chaque sorte de prononciation, de présenter de temps en temps un livre à l'enfant pour constater les progrès qu'il a faits, et revenir en particulier sur les points où il paraît le plus faible.

Enfin, il faut continuellement se rappeler que, pour la lecture, rien ne peut suppléer le maître ou la maîtresse, et que l'esprit d'analogie est l'unique guide de l'enfant pour se reconnaître au milieu de tant de prononciations diverses et quelquefois bizarres. On peut même avancer, sans exagération, qu'on ne sait vraiment lire qu'autant qu'on sait l'orthographe, c'est-à-dire qu'autant qu'on possède à fond la grammaire.

SEIZIÈME LEÇON

LETTRES SIMPLES ET LETTRES DOUBLES A LA FIN DES MOTS
NULLES OU MUETTES DANS LA PRONONCIATION (¹)

61ᵉ Journée

OBSERVATION GÉNÉRALE

A quelques exceptions près, toutes les consonnes finales qui ne font pas essentiellement partie de la dernière syllabe (²), sont nulles dans la prononciation.

EXEMPLES

B, C, D

B. Plomb. — Aplomb.

C. Banc. — Jonc. — Tabac. — Blanc. — Franc. Flanc. — Estomac.

D. Gourmand. — Allemand. — Grand. — Nid. Plafond. — Bord. — Gond. — Pied. — Blond. Froid. — Chaud. — Sourd. — Gland. — Muid. Il tend. — Il moud. — Il coud.

---

(1) Cette leçon ne doit avoir pour objet que d'avertir l'élève qu'il y a des lettres qui ne se prononcent pas dans l'articulation des mots, sauf à y revenir au besoin.

(2) Par exemple, dans le mot *enfant*, la suppression du *t* n'ôterait rien à la plénitude de la syllabe, qui se prononce de même avec le *t, fant*, ou sans le *t, fan*.

SUITE DE LA SEIZIÈME LEÇON

SUITE DES EXEMPLES DE LA 61e JOURNÉE

62e Journée

G, L, P, S, T, X

g. Étang. — Rang. — Sang. — Poing. — Hareng. Orang-Outang. — Long.

l. Outil. — Fusil. — Baril. — Chenil. — Fournil.

p. Drap. — Champ. — Camp. — Sirop. — Trop. Coup. — Beaucoup. — Loup.

s. Paris. — Louis. — Je lis. — Je vois. — Tu chantes. — Nous chantons. — Bas. — Pas. Tapis. — Nos mères. — Nos jeunes frères [1].

t. Vent. — Dent. — Savant. — Adroit. — Il lit. Il rit. — Il sort. — Chocolat. — Éclat. — Bât.

x. Courroux. — Voix. — Curieux. — Vertueux. Doux. — Cieux. — Pieux. — Les dieux.

z. Riz.

---

[1] On pourra faire remarquer à l'élève que tous les mots, sauf exceptions, prennent un s au pluriel, et que cette lettre ne se prononce pas.

FIN DE LA SEIZIÈME LEÇON

LETTRES DOUBLES
NULLES OU MUETTES DANS LA PRONONCIATION

63ᵉ Journée

DS, PS, CT, GT, NT

EXEMPLES

DS. Poi DS.

PS. Tem PS. — Printem PS.

CT. Instin CT.

GT. Vin GT. — Doi GT.

NT. Elles chante NT. — Elles aime NT. — Elles danse NT. — Ils écrive NT. — Ils écrivaie NT. Ils écrivire NT.

QUESTIONS A FAIRE

Toutes les fois que l'élève articulera un mot à la fin duquel se trouvent soit une lettre simple, soit une lettre double dont le sens est nul, on lui fera cette question : *Comprenez-vous bien que le mot que vous venez de lire aurait le même son sans la consonne ou sans les consonnes qui le terminent ?*

On pourra faire la même question au sujet de l'*e* muet à la fin des mots ou dans le corps de quelques mots, comme *écrir*E, *dévou*E*ment*.

DIX-SEPTIÈME LEÇON

SONS ÉQUIVALENTS

AI (¹) = É, È | AIM, AIN, EIN, IM = IN
AU, EAU = Ô | EZ, ER = É

64ᵉ Journée
1ʳᵉ PARTIE

AI = É, È

OBSERVATION

La voyelle composée *ai*, se prononce comme la voyelle simple, *é* ou *è*, c'est-à-dire tantôt comme l'*e* fermé, *é* (soit dans le corps, soit à la fin des mots), tantôt comme l'*e* ouvert, *è* (dans le corps du mot).

§ I

AI se prononçant comme l'*e* fermé (É)

EXERCICES POUR CE PREMIER §

AI = É

Je ferAI cela. — Je reprendrAI ma lecture ce soir. — Je me leverAI de bon matin. — J'AI fermé la porte. — Je fermAI la fenêtre lorsque je rentrAI. — Je sortirAI dimanche avec maman. — J'AI étudié avec mon frère.

---

(1) Le signe = signifie *équivaut à*.

SUITE DE LA DIX-SEPTIÈME LEÇON

ET DES SONS ÉQUIVALENTS

64ᵉ Journée

2ᵒ PARTIE

§ II

AI se prononçant comme l'*e* ouvert (È)

EXERCICES POUR CE DEUXIÈME §

AI = È

J'ai la migraine. — Claire m'a aidée à finir le ménage. — J'ai vu ma marraine. — Je voudrais savoir lire couramment. — Je m'efforcerai de faire toujours ce qui plaît à ma mère. — J'aime l'air frais du matin. — La paresse est laide. — Mai est le mois des fleurs.

Ces personnages sont plus *laids* qu'ils ne le pensent.

SUITE DE LA DIX-SEPTIÈME LEÇON

65ᵉ Journée

EXERCICES
COMMUNS AUX DEUX PARAGRAPHES DE LA 64ᵉ JOURNÉE

L'aimant attire le fer. — Un bienfait n'est jamais perdu. — Le Louvre est un magnifique palais. — Je ne sais pas ma leçon. — J'ai été paresseux. — Je ferai ce qui plaira à maman. — Je dessinai ce matin et je cassai mon crayon que j'avais fait trop long. — Jouons à pair ou impair. — Le vrai seul est aimable. — Le joli mois de mai. — La Seine est bordée de beaux quais dans Paris. — Il est infâme de se moquer d'un pauvre contrefait. — L'aumône est ([1]) le salaire de la pauvreté.

QUESTIONS

Demander à l'élève quelles sont, dans les exercices qui précèdent, celles des syllabes en AI qui se prononcent comme *é* fermé, et celles qui se prononcent comme *è* ouvert.

([1]) Le monosyllabe *est*, 3ᵉ personne de l'indicatif présent du verbe *être*, ne pouvant faire l'objet d'une observation particulière, on se bornera à avertir l'enfant que ce monosyllabe, c'est-à-dire cette syllabe isolée, se prononce comme l'e ouvert, *è*.

SUITE DE LA DIX-SEPTIÈME LEÇON
SUR LES SONS ÉQUIVALENTS
AU, EAU = ô

66ᵉ Journée
1ʳᵉ PARTIE

AU, EAU

Les voyelles composées AU, EAU, se prononcent comme la voyelle simple *ô*.

§ 1. AU = O

EXERCICES

Ne rebute jamais le pauvre. — La religion nous fait un devoir de l'aumône. — Il ne faut jamais rendre le mal pour le mal. L'autruche court aussi vite que le cheval. Le baudet vaut mieux qu'on ne pense. La flatterie est le gluau où se prennent les sots. — Il faut mordre au travail pour qu'il nourrisse le corps et l'esprit.

Des dames charmantes *au* piano.

SUITE DE LA DIX-SEPTIÈME LEÇON

66ᵉ Journée
2ᵉ PARTIE

EAU

§ ii. EAU = $\hat{\text{o}}$

Du haut de cette colline, on aperçoit un joli hamEAU avec un châtEAU magnifique. — La poule n'aime pas l'EAU. — Sophie a mis son chapEAU pour sortir avec maman. — *Le Loup et l'AgnEAU* est une jolie fable. — J'aime mieux *le Renard et le CorbEAU*. — L'EAU garde toujours son nivEAU. — Nos soldats ont pris des drapEAUX à l'ennemi : la mitraille les avait mis en lambEAUX. — Le serpent change de pEAU.

L'*eau* baigne le pied du châte*au* de Fontaible*au*.

SUITE DE LA DIX-SEPTIÈME LEÇON

67ᵉ Journée

EXERCICES
COMMUNS AUX DEUX PARAGRAPHES DE LA 66ᵉ JOURNÉE

Les vertus sont les plus beaux joyaux d'une jeune fille. — On prend les oiseaux avec les gluaux, et les hommes avec la flatterie. — Chauffe le four, si tu veux que ton gâteau soit chaud. — L'homme n'aura jamais de lit aussi doux que son berceau. — Être beau n'est pas ce qu'il faut ; être bon seul vaut. — Quels chevaux! comme ils marquent bien le trot. — Le maquereau est un des poissons que l'on trouve le plus en abondance dans les eaux de la mer. — Pas d'oripeaux pour votre toilette! du goût et de la simplicité. — Le froid est aussi nécessaire que le chaud.

SUITE DE LA DIX-SEPTIÈME LEÇON

SUR LES SONS ÉQUIVALENTS

68ᵉ Journée

AIM, AIN, EIN, IM = IN

Les syllabes AIM, AIN, EIN, IM, se prononcent comme IN.

AIM

§ I. AIM = IN

La fAIM rend toujours bon ce qu'on mange. Un essAIM d'abeilles représente le meilleur gouvernement : tous y travaillent pour le bien de tous.

AIN

§ II. AIN = IN

Cela est AINsi. — AINçoit et AINs sont deux mots du vieux français qui signifient *au contraire* et *mais*. — Pour être bon écrivAIN il faut être honnête homme. — Le pAIN n'est pas bon sans levAIN. — Ne dis jamais : Je ferai cela demAIN; fais-le aujourd'hui. La maussaderie est *le* fait d'un vilAIN caractère. — L'esprit hautAIN dénote un esprit malsAIN. — Là où l'étAIN est plus utile que l'or, il est plus précieux que lui.

SUITE DE LA DIX-SEPTIÈME LEÇON

69ᵉ Journée

EIN

§ iii. EIN = IN

L'asile le plus sûr d'un enfant est le sein de sa mère. — Ce n'est pas tout que d'avoir de bons desseins, il les faut suivre. Ne serre pas ta ceinture, cela te fera mal aux reins. — La peinture est un art au moins égal à la musique, et ses œuvres sont plus durables. Une étoffe solide et bon teint vaut mieux qu'une étoffe brillante.

IM

§ iv. IM = IN

L'impolitesse est une maladresse contre nous-mêmes. — Une conscience pure est comme une eau limpide : on aime à s'y voir. — La simplicité est la plus jolie parure d'une jeune fille. — La pimprenelle et le thim sont de petites plantes aromatiques. A l'impossible nul n'est tenu. — L'impertinence rend un enfant insupportable.

SUITE DE LA DIX-SEPTIÈME LEÇON

70ᵉ Journée

QUESTIONS
COMMUNES AUX QUATRE PARAGRAPHES DES JOURNÉES 68 ET 69

Comment écrit-on :

Faim — Essaim — Ainsi — Pain — Vilain
Écrivain — Demain — Hautain — Malsain
Sein — Dessein — Ceinture — Reins — Teint
Impolitesse — Limpide — Thym — Simplicité
Impossible — Importance — Pimprenelle

EXERCICES

La verte plaine. — La pleine lune. — Le plain-chant. — La poudre de perlimpimpin. Une pomme de pin. — Des sapins élevés. Le tain de la glace. — Le thym de la sauce. Le teint d'une étoffe. — Le tympan de l'oreille. — Le département de l'Ain. Soulage l'infortune. — Le joli serin. — Le temps est serein. — Un petit lapin. — Mon frère l'a peint. — Ce n'est pas en vain qu'on boit trop de vin. — L'hospice des Quinze-Vingt. — Je vis mon frère quand il vint.

SUITE DE LA DIX-SEPTIÈME LEÇON

SUR LES SONS ÉQUIVALENTS

71ᵉ Journée

EZ, ER = É

Les syllabes EZ et ER se prononcent, à la fin des mots, comme l'*e* fermé (*é*).

EXERCICES

§ I. EZ = É

Écoutez — Étudiez — Venez — Chantez
Sortez — Restez — Apportez

§ II. ER = É

La syllabe ER, à la fin des mots, se prononce également comme l'*e* fermé (*é*).

EXEMPLES

Janvier — Février — Berger — Oranger
Aimer — Prier — Chanter

IL FAUT EXCEPTER

Belvéder — Cher — Enfer — Fer — Fier
Hier — Hiver — Mer — Ver — Éther

Il en est de même de la finale des verbes en *er*, comme aim*er* et travaill*er*, quand ces verbes se trouvent devant un mot commençant par une voyelle.

SUITE DE LA DIX-SEPTIÈME LEÇON

72ᵉ Journée

QUESTIONS
SUR LA 71ᵉ JOURNÉE

Comment écrit-on :

Sautez — Dansez — Chantez — Écoutez
Travaillez — Étudiez — Apportez

Dites à l'enfant que lorsque ces mots, et autres semblables, s'écrivent avec un *z* à la fin du mot, ils indiquent l'impératif, c'est-à-dire l'ordre que l'on donne, comme lorsque l'on dit : *Travaillez ;* ou qu'ils indiquent l'énonciation d'un fait, comme lorsque l'on dit : *Vous étudiez ;*

Que lorsque ces mêmes mots finissent par un *r* au lieu d'un *z*, ils indiquent l'infinitif, c'est-à-dire que l'action se fait, comme :

Sauter — Danser — Chanter — Écouter
Travailler — Étudier — Apporter

Et, il faut remarquer que, soit que ces mots finissent par *ez*, soit qu'ils finissent par *er*, ils se prononcent de même, sauf l'exception que nous venons de voir au bas de la page précédente.

On peut dire à l'élève, à cette occasion, que lorsque ces mots sont suivis d'un mot commençant par une voyelle, l'*r* ou le *z* se lient avec la voyelle suivante.

COURS DE LECTURE. — PRONONCIATIONS VARIABLES. 103

FIN DE LA DIX-SEPTIÈME LEÇON
ET DE LA 72e JOURNÉE

EXERCICES
SUR LES 71e ET 72e JOURNÉES

Vous gelEZ en janviER. — Avant de dansER, achevEZ votre devoir. — ApportEZ tous vos soins à ce que vous devEZ étudiER. — SoyEZ aimable, et vous verrEZ qu'on saura vous aimER. — Le fER est dur. — L'éthER est volatil. — La mER est orageuse. Voyez ce vER luisant. — Les pauvres passent souvent l'hivER sans se chauffER. — Ne soyEZ fiER avec personne, si vous voulEZ qu'on vous supporte. — L'enfER est le châtiment des hommes pervERs. — Il faut se méfiER d'un homme fiER.

Vous auriez un cœur de fer, si vous ne secouriez la pauvre enfant que vous voyez pleurer et prier.

DIX-HUITIÈME LEÇON

PRONONCIATIONS DIVERSES

EU ET ŒU [1]

73ᵉ Journée

Les voyelles composées, EU et ŒU, se prononcent de trois manières :

§ I. — EXEMPLES DU PREMIER CAS

Adieu — Vœu — Feu — Heureux — Bleu
Vertueux — Des œufs — Des bœufs

(Se prononce en chassant la voix.)

§ II. — EXEMPLES DU SECOND CAS

Fleur — Sœur — Heure — Bonheur
Demeure. — Un œuf — Un bœuf

(Se prononce en retenant la voix.)

§ III. — EXEMPLES DU TROISIÈME CAS

J'eus — Tu eus — Il eut — Nous eûmes
Vous eûtes — Ils eurent

(Se prononce comme *u*.)

Par exception, quand on parle du *bœuf-gras*, on prononce
bœuf, au singulier, comme *bœufs*, au pluriel.

---

(1) La lettre double œ (oe), sauf les exceptions contenues dans la présente journée, ainsi que la lettre double æ (ae), se prononcent comme l'e fermé. — EXEMPLES : *A-E*, Ædicule, petit temple ; *O-E*, Œdipe, se prononcent comme s'ils étaient écrits : édicule, édipe. Ces lettres doubles n'ont d'autre but que de rappeler l'origine grecque du mot.

COURS DE LECTURE. — PRONONCIATIONS VARIABLES. 105

FIN DE LA DIX-HUITIÈME LEÇON

74ᵉ Journée

QUESTIONS
SUR LES TROIS PARAGRAPHES DE LA 73ᵉ JOURNÉE

Comment écrit-on :

Fleur — Sœur — Beurre — Malheur
Heure — Demeure — Bonheur — Adieu
Vœu — Feu — Un bœuf — Des Bœufs
Un œuf — Nous eûmes peur — Il eut du feu

EXERCICES

Qui vole un œuf vole un bœuf. — J'eus le bonheur de gagner ma gageure. — Je veux rester vertueux — Je pars sur l'heure, adieu. — Fais bon feu dans ta demeure, si tu le peux. — Offre à ta sœur cette fleur bleue. — C'est peu que former le vœu d'être vertueux, si l'on ne veut dire adieu au vice. Ton frère eut l'honneur d'être le premier au feu. — Sois secourable aux malheureux. J'ai deux grands bœufs dans mon étable. Nous eûmes peur du feu. — Ils eurent la douleur de recevoir ses derniers adieux. Sois toujours aussi pieux que ta sœur est pieuse. — Sagesse vaut mieux que beauté.

DIX-NEUVIÈME LEÇON

ARTICULATIONS ÉQUIVALENTES

S = Z ; GE = J ; TI = CI ; EN = IN ; EM, EN = A ;
Y = I et II ; EI, ES, ET = É

75ᵉ Journée

§ I. S = Z

La consonne s s'articule comme z, lorsqu'elle est placée entre deux voyelles.

EXERCICES

La rose est la plus belle des fleurs. Ouvrez la croisée. — Les fraises des bois sont les meilleures. — Ma cousine est plus âgée que moi d'un an. — Maman m'a donné une belle grappe de raisin. — La fainéantise est odieuse. — Faites d'abord votre devoir, vous vous amuserez ensuite. — La raison doit toujours être notre principal guide.

SUITE DE LA DIX-NEUVIÈME LEÇON

SUR LES ARTICULATIONS ÉQUIVALENTES

Suite de la 75ᵉ Journée

§ II. GE = J

GE se prononce comme *j* devant *a* et *o*.

EXERCICES

Elle ran*g*eait des livres quand on l'a appelée. — Il man*g*ea du pi*g*eon. — Le *g*eôlier ouvrit la porte de la prison. — Le cheval n'a plus rien dans sa man*g*eoire. Le *g*eai paré des plumes d'un autre oiseau. J'aime bien mon frère *G*eorges.

*G*eorgette fait son devoir de géographie.

SUITE DE LA DIX-NEUVIÈME LEÇON

SUR LES ARTICULATIONS ÉQUIVALENTES

76ᵉ Journée

§ III. TI = CI

TI, suivi de ON, se prononce comme CI.

EXERCICES

Son ambi*ti*on le perdra. — La discré*ti*on est une grande vertu. — C'est au mois de septembre qu'on fait la distribu*ti*on des prix. — Une bonne ac*ti*on ne demeure jamais sans récompense. — J'ai beaucoup d'affec*ti*on pour elle. — Faites atten*ti*on à votre leçon. — Un peu de protec*ti*on sert beaucoup. — La nata*ti*on est un très-bon exercice. — Pas de distrac*ti*on pendant le travail, attendons la récréa*ti*on.

Il faut excepter les mots où le *t* est précédé d'un *s* ou d'un *x*, comme :

Indiges*ti*on — Bas*ti*on — Mix*ti*on

SUITE DE LA DIX-NEUVIÈME LEÇON

SUR LES ARTICULATIONS ÉQUIVALENTES

SUITE DE LA 76ᵉ JOURNÉE

§ IV. EN = IN

La syllabe EN a souvent le son de la syllabe IN. Toutes les fois qu'il y a exception à la prononciation ordinaire, l'élève ne peut se conformer à cette exception qu'à l'aide de la signification du mot.

EXERCICES

Elle ne fait rien du matin au soir. — Il reviendra ce soir. Un entretien. Il faut toujours faire le bien, quoi qu'il arrive. La politesse est le lien de la société. Elle vient. Je viens. Historien. Nécromancien. Il a été reçu académicien. C'est un excellent comédien. Je tiens. Je retiens. Il est Italien. Le baptême du chrétien. Plébéien. Prussien. — Autrichien. — L'espérance nous soutient

Ce monsieur s'ennuie bien : c'est parce qu'il ne fait rien.

SUITE DE LA DIX-NEUVIÈME LEÇON
SUR LES ARTICULATIONS ÉQUIVALENTES

77ᵉ Journée

§ v. EM, EN = A

F*em*me = fame ; imprud*emm*ent = imprudament ; sol*en*nelle = solanelle.

EXERCICES

La première f*em*me fut nommée Ève. Vous avez agi imprud*emm*ent. — Pâques est une fête sol*en*nelle.

Nous savons que, sauf les exceptions du genre de celles qui précèdent, *em* et *en* se prononcent nasalement, comme *an*, et qu'ainsi l'on dit : *em*plâtre, *em*blème, *en*richi, *en*fumé.

Celui-là n'*en*fourche pas très-élégamm*ent*.

SUITE DE LA DIX-NEUVIÈME LEÇON

SUR LES ARTICULATIONS ÉQUIVALENTES

Suite de la 77ᵉ Journée

§ VI. Y = I et II

L'*y* s'articule tantôt comme un seul *i*, tantôt comme deux *i* (*ii*).

EXERCICES

La France est un des plus riches pa*y*s (ii) du monde. — Le vert est le s*y*mbole (i) de l'espérance. — Cet écrivain a un beau st*y*le (i). On représentait Apollon avec une l*y*re (i) à la main. — Le no*y*au (ii) de la pêche est très-dur. C'est un homme très-lo*y*al (ii). — Ce peintre est un grand pa*y*sagiste (ii). — Essa*y*ez (ii) d'abord, et vous pourrez dire ensuite que vous n'êtes pas capable de venir à bout de cela.

SUITE DE LA DIX-NEUVIÈME LEÇON

SUR LES ARTICULATIONS ÉQUIVALENTES

78ᵉ Journée

§ VII. EI, ES, ET = È

L'*e* ouvert (è) a pour équivalents *ei, es, et*.

EXERCICES

1° EI = È

La n*ei*ge tombe à gros flocons.—Victoria, r*ei*ne d'Angleterre. — Je perds ma p*ei*ne. Nous sommes tr*ei*ze à table. — J'ai perdu hal*ei*ne en courant. — Nous sommes au temps de la pl*ei*ne lune. — La bal*ei*ne est le plus gros habitant des mers.

2° ES = È

L*es* enfants. — D*es* enfants. — Si tu *es* sage, tu seras récompensée. — L'*es*pérance accompagne l'homme jusqu'au tombeau. M*es* gants. — T*es* livres. — Elle a mis s*es* plus beaux habits. — Regardez c*es* enfants qui passent. — Julie est *es*piègle.

FIN DE LA DIX-NEUVIÈME LEÇON

SUR LES ARTICULATIONS ÉQUIVALENTES

FIN DE LA 78ᵉ JOURNÉE

3" ET = È

J'ai un joli chardonner*et*. — J'ai passé la rivière dans un batel*et*. — Mon frère sait jouer du flageol*et*. — Donnez-moi un tabour*et*. — Chaque département est administré par un préf*et*. — Il est toujours inqui*et*. — Il n'est pas discr*et*. — J'ai perdu mon bracel*et* en or. — Paul est flu*et*. — L'omnibus n'est pas encore au compl*et*.

Omnibus.

VINGTIÈME LEÇON

PRONONCIATIONS VARIABLES

79ᵉ Journée

X

La consonne *x* a quatre sortes de prononciations :

Elle a 1° le son de *ks ;*
      2° le son de *gz ;*
      3° le son de *ss ;*
      4° le son du *z*.

EXERCICES

1° x = ks.

Alexandre — Alexis — Fixer — Taxer
Vexer — Expier — Extrême

2° x = gz.

Exil — Exemple — Exercice — Examen
Exempter — Exhorter — Inexorable

3° x = ss.

Soixante — Six — Dix (1)

4° x = z.

Deuxième — Sixième

---

(1) Si les mots *six* et *dix* sont suivis d'un substantif, *x* ne se prononce pas devant un mot qui commence par une consonne. Exemple : *six francs ;* et il se prononce comme *z*, si ce mot commence par une voyelle. Exemple : *six enfants.*

VINGT ET UNIÈME LEÇON

DIFFICULTÉS

80ᵉ Journée

§ 1. L ou LL mouillés

La consonne *l*, redoublée ou finale, a, lorsqu'elle est précédée d'un *i* dans certains mots, un son particulier qui l'a fait appeler mouillée.

EXERCICES

Le solei*l* se lève. — Une corbei*ll*e de fleurs. — Les feui*ll*es commencent à tomber en automne. — Il s'est révei*ll*é de bon matin. — L'hiver est le sommei*l* de la nature; le printemps en est le réveil. — Le travai*l* vaut à lui seul tous les trésors.

EXCEPTIONS

Mi*ll*e — Vi*ll*e — Tranqui*ll*e — I*ll*isible I*ll*ustre.

FIN DE LA VINGT ET UNIÈME LEÇON
SUR LES DIFFICULTÉS

FIN DE LA 80ᵉ JOURNÉE

OEil — OEillet — Cueillir — Accueillir
Recueil — Orgueil

EXERCICES

Nul ne peut éviter l'œil de Dieu. L'œillet fleurit au mois de juillet. — J'ai cueilli des coquelicots dans les blés. — Il faut accueillir honnêtement tout le monde. Il m'a fait un bon accueil. — On a fait un recueil de ses œuvres. — L'orgueil a perdu le premier homme.

Il faut que ces messieurs soient de vieilles
connaissances pour s'accueillir ainsi.

VINGT-DEUXIÈME LEÇON

EXCEPTIONS

§1ᵉ Journée

CH, GU

§ I. CH

CH se prononce, dans certains mots, comme s'il n'y avait pas d'*h* ;

EXEMPLES

Écho — Chœur — Archange — Eucharistie
Anachorète — Chaos

et, dans certains autres mots, comme un *k*.

EXEMPLES

Orchestre — Polytechnique

§ II. GU

GU se prononce d'une manière gutturale, c'est-à-dire sans que l'*u* se fasse sentir, comme dans les mots

Guérir — Aguerrir — Guérets — Guenon
Guet — Gué — Guenille — Guide — Guêpe

dont le *g* se prononce comme le *g* dur devant *a* et *o*,

Gamin — Gomme

Il faut excepter les mots suivants, dans lesquels l'*u* se fait sentir :

Aiguille — Aiguiser — Aiguillon — Une soif inextinguible — Ambiguïté — Ciguë

VINGT-TROISIÈME LEÇON

MOTS
qu'on écrit de même et qu'on prononce différemment.

82ᵉ et 83ᵉ Journées

ACCEPTIONS

Ce mot a plusieurs accep*tions* (1). | Nous accep*tions* (2) volontiers ce qui nous avait été offert.

AFFECTIONS

Les affec*tions* (1) fondées sur la vertu sont les plus durables. | Nous affec*tions* (2) un air tranquille.

EXCEPTIONS

Il y a des excep*tions* (1) à cette règle. | Nous excep*tions* (2) cette personne des autres.

AFFLUENT

La Marne est un af*fluent* (3) de la Seine. | Ils af*fluent* (4) à la porte du théâtre.

CONTENT

Je suis con*tent* (5) de votre travail. | Ils con*tent* (6) que l'ennemi a pris la fuite.

CONVIENT

Il con*vient* (7) de faire cela. | Ils con*vient* (8) tout le monde à entrer.

---

(1) *tions* se prononce *si on*.   (2) *tions* se prononce *ti on*.
(3) *fluent* se prononce *flu an*.   (4) *fluent* se prononce *flue*.
(5) *tent* se prononce *tan*.   (6) *tent* se prononce *te*.
(7) *vient* se prononce *vien*.   (8) *vient* se prononce *vi e*.

COURS DE LECTURE. — EXCEPTIONS.

COUVENT

Un couvent (⁹) de Carmélites. | Les poules couvent (¹⁰).

DIFFÉRENT

Cela est différent (¹¹). | Ils diffèrent (¹²) de goût et de caractère.

EXCELLENT

Ce mets est excellent (¹³). | Les Italiens excellent (¹⁴) dans la peinture.

EXPÉDIENT

C'est un bon expédient (¹⁵). | Ils expédient (¹⁶) leurs marchandises par mer.

FILS

Le fils (¹⁷), les fils (¹⁷) du roi. | J'ai attaché cela avec des fils (¹⁸).

INTENTIONS

Si vos intentions (¹⁹) sont bonnes, suivez-les. | Nous intentions (²⁰) un procès aux auteurs du dommage.

NÉGLIGENT

Il est très-négligent (²¹). | Ils négligent (²²) leurs devoirs.

---

(9) vent se prononce van.
(11) rent se prononce ran.
(13) lent se prononce lan.
(15) dient se prononce di an.
(17) fils se prononce fi.
(19) tions se prononce ci on.
(21) gent se prononce jan.

(10) vent se prononce ve.
(12) rent se prononce re.
(14) lent se prononce le.
(16) dient se prononce die.
(18) fils se prononce fi le.
(20) tions se prononce ti on.
(22) gent se prononce je.

OBJECTIONS

Vos objec*tions* (²³) sont justes. | Nous objec*tions* (²⁴) qu'il n'y avait pas de notre faute.

PARENT

Il est mon meilleur pa*rent* (²⁵). | Ils pa*rent* (²⁶) l'autel de fleurs.

PORTIONS

Les por*tions* (²⁷) sont également faites. | Nous por*tions* (²⁸) cela à la ville.

PRÉCÉDENT

Il était venu le jour précé*dent* (²⁹). | Il y a abstinence de viande les jours qui précè*dent* (³⁰) les grandes fêtes.

RÉSIDENT

Il y a un rési*dent* (²⁹) dans chaque cour étrangère. | Mes frères rési*dent* (³⁰) à Londres.

VIOLENT

Il est d'un caractère vio*lent* (³¹). | Ils vio*lent* (³²) les droits les plus sacrés.

VIS

J'ai besoin d'une *vis* (³³) pour clouer cet objet. | Si tu *vis* (³⁴) encore, c'est à Dieu que tu le dois.

---

(23) *tions* se prononce *si on*. | (24) *tions* se prononce *ti on*.
(25) *rent* se prononce *ran*. | (26) *rent* se prononce *re*.
(27) *tions* se prononce *si on*. | (28) *tions* se prononce *tion*.
(29) *dent* se prononce *dan*. | (30) *dent* se prononce *de*.
(31) *lent* se prononce *lan*. | (32) *lent* se prononce *le*.
(33) *vis* se prononce *vis se*. | (34) *vis* se prononce *vi*.

TROISIÈME SECTION

PREMIÈRES LECTURES

COURANTES

1° Contes moraux, Maximes et Prières.
2° Lectures instructives.
3° Lectures récréatives.

CONTES MORAUX

MAXIMES ET PRIÈRES

84ᵉ Journée

LES FLEURS

Louis, en se promenant dans le jardin, s'arrêta devant un magnifique bosquet de roses, et dit à ses sœurs : « La rose est réellement la plus belle des fleurs. »

Caroline répondit : « Le lis, là-bas dans ce parterre, est aussi joli que la rose; je trouve que ces deux fleurs sont les plus belles : toutes les autres ne sont rien en comparaison. »

« Eh! dit la petite Louise, ne rejetez pas ainsi les suaves violettes; elles sont très-belles aussi, et, au printemps dernier, elles nous ont fait bien du plaisir. »

La mère, qui écoutait la conversation des enfants, dit : « Ces trois sortes de fleurs, qui vous plaisent tant, sont les images de trois belles vertus. La violette, dont la couleur est d'un bleu foncé, est le symbole de la modestie; le lis, plus blanc que la neige, est le symbole de l'innocence; mais la rose vermeille signifie que vos cœurs doivent être animés de l'amour de Dieu et de la vertu :

Beauté, modestie et sagesse,
Ennoblissent tout âge, et surtout la jeunesse.

MAXIMES

TIRÉES DE L'ÉCRITURE SAINTE

La crainte du Seigneur est le commencement de la sagesse.

— Souviens-toi de ton Créateur pendant les jours de ta jeunesse, avant que le temps de l'affliction soit arrivé.

— Celui qui craint le Seigneur honorera son père et sa mère.

— Celui qui honore son père et sa mère sera exaucé au jour de sa prière.

— Ne fuyez pas le travail, parce qu'il a été institué par Dieu même.

— Soyez parfaits, a dit Notre-Seigneur Jésus-Christ, comme votre Père céleste est parfait.

85ᵉ Journée

LES ÉPIS DE BLÉ

Un cultivateur allemand était allé un jour visiter son champ avec le petit Tobie, son fils, afin de voir si le blé était parvenu à sa maturité.

« Mon père, comment se fait-il donc, dit l'enfant, que quelques-unes de ces tiges se penchent vers la terre, tandis que d'autres redressent fièrement la tête ? Ces dernières doivent être les meilleures, et les autres, qui se courbent devant elles, sont assurément bien inférieures. »

Le père cueillit alors quelques épis et dit : « Regarde un peu, mon enfant ; tu vois cet épi qui se penchait si humblement : il est rempli des plus beaux grains ; mais cet autre, au contraire, qui tenait la tête haute et fière, est tout à fait vide. »

A l'homme hautain, arrogant,
Esprit et cœur manquent souvent.

86ᵉ Journée

LES LINOTTES

Par une froide journée d'hiver, deux enfants du village s'en allèrent au moulin ; chacun portait sur sa tête un petit sac de blé. En passant près du jardin du meunier, ils aperçurent quelques linottes qui tremblotaient tout affamées sur la broussaille couverte de frimas. La petite Berthe eut pitié de ces petits oiseaux : elle ouvrit son petit sac, et leur jeta deux poignées de grain.

Robert, son frère, lui reprocha sa sensibilité, et dit : « Folle que tu es ! te voilà bien avancée maintenant ; tu vas avoir moins de farine, et nos parents te réprimanderont. »

« Cela est impossible, répondit Berthe ; nos bons parents ne m'en voudront pas d'avoir eu compassion de ces pauvres petits oiseaux : Dieu nous bénira pour cette bonne action. »

Lorsque les deux enfants retournèrent au moulin pour prendre la farine, voici que dans le sac de la compatissante Berthe se trouvait une fois plus de farine que dans le sac de Robert : celui-ci demeura tout stupéfait, et Berthe était très-disposée à regarder cela comme un miracle.

Mais le brave meunier, qui avait entendu près de la haie la conversation des enfants, dit à Berthe : « Ton bon cœur pour les oiseaux affamés m'a tellement touché, que je t'ai donné une double mesure de farine. Quoique ce soit moi qui aie mis cette farine dans le sac, tu peux néanmoins le regarder comme une bénédiction que Dieu t'a envoyée pour récompenser ton bon cœur. »

87ᵉ **Journée**

LES HIRONDELLES

Lorsqu'au printemps les hirondelles vinrent avec un doux gazouillement reprendre possession de leur ancien nid, qui se trouvait dans l'allée de la maisonnette d'un campagnard, celui-ci dit à ses enfants : « Ne faites point de mal à ces bons petits oiseaux ; quiconque chasse les hirondelles de leur nid, chasse le bonheur de sa maison.

« Le voisin a détruit le nid d'hirondelles qui était à sa fenêtre, et en a écrasé les œufs ; aussi, depuis ce temps, il est accablé de chagrins domestiques et il marche à sa ruine. »

« Comment cela se peut-il faire ? » demanda Caroline à son père. Celui-ci répondit : « Le voisin a abandonné les mœurs simples et pures de ses ancêtres. Ses parents avaient toujours supporté ces innocentes hirondelles, et se levaient avec plaisir aux premiers chants de ces gais oiseaux pour se rendre au travail.

« Mais le voisin, qui était dur envers les hommes et envers les animaux, et qui passait la moitié de ses nuits au cabaret, aimait mieux perdre dans l'inaction les heures précieuses du matin ; et, pour ne pas être troublé dans son sommeil, il extermina ces pauvres oiseaux. Cet homme brutal, paresseux et dissipateur, en expulsant les hirondelles, chassa en même temps de sa maison la joie et la prospérité. »

A la douce hirondelle accorde un humble asile,
Et Dieu rendra ta vie innocente et tranquille

INSTRUCTIONS
TIRÉES DE L'ÉCRITURE SAINTE

Paroles de Tobie à son fils

on fils, écoutez mes paroles, et gravez-les dans votre cœur.
— Ayez Dieu présent à l'esprit durant tous les jours de votre vie, et prenez garde de ne jamais consentir au péché, et de ne violer jamais la loi du Seigneur votre Dieu.
— Faites l'aumône de votre bien et ne détournez jamais vos yeux du pauvre, et par là vous mériterez que Dieu aussi ne détourne point de vous ses regards.
— Ne souffrez pas que l'orgueil s'empare de votre cœur, et qu'il y ait quelque chose de hautain dans vos pensées et dans vos paroles. *(La suite page 131.)*

88ᵉ Journée

L'EAU ET LE PAIN

Pendant une grande disette, un pauvre petit garçon, nommé Paul, descendit des montagnes et se dirigea vers le prochain village. Là, devant les maisons des gens opulents, il demandait du pain. Pierre, le fils d'un autre paysan, était assis devant sa porte, et tenait dans sa main un énorme morceau de pain.

« Oh! je t'en supplie, donne-m'en une bouchée, dit le pauvre Paul, car j'ai bien faim! » Mais Pierre répondit durement : « Va-t'en! je n'ai pas de pain pour toi. »

Au bout d'un an environ, Pierre vint dans les montagnes pour y chercher des chèvres qui s'étaient échappées. La chaleur était excessive. Mourant presque de soif par ce soleil brûlant, Pierre erra longtemps au milieu des rochers sans pouvoir trouver une source.

Enfin il aperçut, assis à l'ombre d'un arbre, le pauvre Paul qui gardait des brebis, ayant près de lui une cruche pleine d'eau. « Oh! donne-moi donc à boire, dit Pierre; j'ai une soif ardente. » Mais Paul répondit : « Va-t'en! je n'ai point d'eau pour toi. »

Alors Pierre se souvint d'avoir impitoyablement refusé un morceau de pain au pauvre petit Paul. Ses yeux se remplirent de larmes, et il supplia Paul de lui pardonner. Celui-ci, touché de son repentir, lui pardonna et lui présenta la cruche. Alors Pierre s'écria : « Puisse le Seigneur te récompenser, dans ce monde et dans l'autre, pour ta bonne action! »

89ᵉ Journée

LES OISEAUX CHANTEURS

Il y avait, dans une certaine contrée, un joli village tout entouré d'arbres fruitiers.

Au printemps, ces arbres fleurissaient et répandaient le parfum le plus agréable. Sur leurs branches, ainsi que sur les haies d'alentour, nichaient une foule de jolis oiseaux qui faisaient retentir les airs de leur joyeux gazouillement. Pendant l'automne, ces arbres étaient chargés de pommes, de poires et de prunes.

Mais voilà que de méchants petits enfants se mirent à dénicher les oiseaux, qui dès lors abandonnèrent cette inhospitalière contrée.

On n'entendit plus un seul oiseau durant les belles matinées du printemps, et les jardins devinrent tristes et silencieux. Les chenilles, si nuisibles à la végétation, et que les oiseaux détruisaient auparavant, se multiplièrent d'une manière effrayante, et dévorèrent les fleurs et les feuilles, en sorte que les arbres demeurèrent nus et dépouillés de leur feuillage comme au milieu de l'hiver ; et les méchants enfants, qui auparavant avaient des fruits délicieux et en abondance, trouvaient à peine une pomme à manger :

Ne chasse point l'oiseau de son asile :
Dieu l'a créé pour une fin utile.

SUITE DES PAROLES DE TOBIE A SON FILS

'EST par l'orgueil que tout le mal est entré dans le monde.

— Ne faites jamais à personne ce que vous ne voudriez pas qu'on vous fît.

— Ne faites rien sans le conseil d'une personne sage et prudente.

— Bénissez Dieu en tout temps ; priez-le de conduire lui-même vos pas dans sa sainte voie ; et remettez entre ses mains tous vos desseins et toutes vos entreprises.

90ᵉ Journée

LA PLUIE

Un marchand revenait un jour de la foire; il était à cheval et avait derrière lui une valise remplie d'argent.

La pluie tombait à torrent et transperçait de part en part le pauvre homme, qui, impatienté de ce fâcheux accident, se plaignait de ce que Dieu lui avait envoyé un si mauvais temps pour son voyage.

Il traversait en ce moment une épaisse forêt. Quel fut son effroi, lorsqu'il se trouva en présence d'un brigand qui le couchait en joue! Il se crut perdu sans ressource; mais la poudre ayant été mouillée par la pluie, le coup ne partit pas. Le marchand piqua son cheval et eut le bonheur d'échapper à ce danger.

Lorsqu'il se vit en sûreté, il se dit à lui-même :
— Insensé que j'étais ! moi qui maudissais ce vilain temps, au lieu de le regarder comme un bienfait de la Providence ! Si le ciel eût été serein, si l'air eût été pur et sec, je serais maintenant étendu dans mon sang, et c'est en vain que mes pauvres enfants attendraient mon retour. Cette pluie, contre laquelle je murmurais, m'a sauvé la vie et la fortune, et à l'avenir je n'oublierai jamais le proverbe qui dit :

> Ce qui souvent traverse notre joie
> Est un bienfait que le ciel nous envoie.

L'ORAISON DOMINICALE

Notre Père, qui êtes aux Cieux, que votre nom soit sanctifié ; que votre règne arrive ; que votre volonté soit faite sur la terre comme au ciel : donnez-nous aujourd'hui notre pain quotidien ; et pardonnez-nous nos offenses comme nous pardonnons à ceux qui nous ont offensés, et ne nous laissez pas succomber à la tentation, mais délivrez-nous du mal. — Ainsi soit-il !

91ᵉ Journée

LE SOLEIL

Un soir qu'il faisait déjà sombre, une bonne mère de famille, revenant du travail des champs, rentrait à la maison, accompagnée de ses deux enfants. Mais, ô surprise ! une lampe se trouvait sur la table.

Georges, tout étonné, s'écria : « Il n'y avait pourtant personne ici ! Qui peut avoir allumé cette lampe ? »

« Eh ! dit Marguerite, quel autre que notre père l'aurait allumée ? Il sera certainement revenu de la ville pendant notre absence. »

Les enfants le cherchèrent, et, à leur grande satisfaction, ils le trouvèrent dans une chambre voisine.

Le lendemain, parents et enfants étaient occupés dans la prairie à ramasser du foin ; le soleil brillait d'un vif éclat, et les enfants témoignaient une grande joie en contemplant sa lumière resplendissante.

« Eh bien, mes enfants, dit le père, hier vous avez deviné que c'était moi qui avais allumé la lampe de notre chambre ; mais, quand vous avez contemplé cette belle lumière suspendue à la voûte des cieux, ce soleil bienfaisant, l'auteur de cette merveille ne doit-il pas vous venir à l'esprit ? »

« Oh ! oui, sans doute, repartit Marguerite, c'est le bon Dieu qui a fait tout cela. Comme la plus petite lampe ne s'allume pas d'elle-même, il faut bien aussi que quelqu'un ait créé le soleil. »

« En effet, s'écria Georges tout joyeux, Dieu a tout fait : le soleil, la lune, les étoiles, les fleurs, les arbres, les fruits ; tout ce que nous voyons autour de nous est son ouvrage. »

92ᵉ Journée

L'ARC-EN-CIEL

Après un violent orage, il s'était formé tout à coup à l'horizon un magnifique arc-en-ciel. La petite Henriette qui, en ce moment, regardait par la fenêtre, s'écria pleine de joie : « Non, jamais de ma vie je n'ai vu d'aussi brillantes couleurs ! Là-bas, près du vieux saule, au bord du ruisseau, elles semblent sortir des nuages et s'étendre jusque sur la terre. Oh ! bien sûr, toutes ces belles couleurs doivent tomber par petites gouttes de chaque feuille de cet arbre. Courons vite, et remplissons-en ma boîte à couleurs. »

Elle se mit donc à courir à toutes jambes vers le saule ; mais, à son regret, la pauvre fille se trouva au milieu de la pluie, et n'aperçut pas la moindre trace des couleurs qu'elle avait tant désirées.

Le père dit en souriant : « Ces couleurs ne sont pas de celles qu'on peut mettre dans une boîte ; ce sont tout simplement des gouttelettes de pluie qui brillent quelques instants à la clarté du soleil. Ces teintes resplendissantes n'ont rien de réel ni de solide. Il en est de même, ma chère enfant, de toutes les pompes de ce monde qui nous paraissent être quelque chose et n'ont en réalité qu'un vain éclat. »

93ᵉ Journée

L'ORAGE

Une petite fille de la ville, nommée Françoise, était allée cueillir des framboises dans les bois.

Au moment où elle se disposait à retourner à la maison, il s'éleva un violent orage.

La pluie commençait à tomber, et le tonnerre grondait au milieu des éclairs. Françoise, effrayée, se blottit dans le creux d'un chêne, non loin de la route, car elle ignorait que la foudre frappe le plus souvent les arbres élevés.

Tout à coup elle entendit une voix qui disait : « Françoise! Françoise! viens, oh! viens donc vite vers moi. »

L'enfant sortit en rampant de sa retraite, et, presque au même instant, la foudre tomba sur l'arbre, et le tonnerre éclata avec un bruit terrible. La terre trembla sous les pieds de la pauvre enfant, qui, dans son effroi, se croyait enveloppée dans les flammes. Néanmoins, il ne lui était arrivé aucun mal ; elle s'écria en élevant les mains : « Cette voix venait du ciel, ô mon Dieu! Tu m'as sauvée, grâces te soient rendues! »

Mais la voix reprit : « Françoise! Françoise! ne m'entends-tu donc pas? »

Ce fut alors seulement qu'elle s'aperçut que c'était une paysanne qui l'appelait ainsi.

Françoise courut vers elle, et lui dit : « Me voici; que me voulez-vous? »

« — Ce n'est pas toi que j'appelais, mais ma petite Françoise, qui était là-bas au bord du ruisseau à garder les oies. La voici qui revient en courant. »

Françoise, la petite fille de la ville, raconta alors comment elle avait pris la voix de la paysanne pour une voix du ciel. Celle-ci joignit pieusement les mains, et dit : « O mon enfant! n'en rends pas moins grâce au Seigneur. Il est vrai que cette voix partait de la bouche d'une simple paysanne; mais Dieu a voulu que, sans le connaître, j'aie prononcé ton nom, et c'est sa divine providence qui t'a préservée du péril dont tu étais menacée. »

« Oui, oui, dit Françoise les larmes aux yeux, Dieu s'est servi de votre voix pour me sauver : c'est vous qui m'avez appelée, mais cependant le secours venait de Dieu. »

LA SALUTATION ANGÉLIQUE

E vous salue, Marie, pleine de grâce. Le Seigneur est avec vous, vous êtes bénie entre toutes les femmes; et Jésus, le fruit de vos entrailles, est béni.

Sainte Marie, mère de Dieu, priez pour nous, pauvres pécheurs, maintenant et à l'heure de notre mort. — Ainsi soit-il !

LECTURES INSTRUCTIVES

SUJETS DIVERS

SUR

LES QUATRE SAISONS DE L'ANNÉE

HIVER

—

1. Au coin du feu.
2. Principales fêtes et solennités de l'église pendant l'hiver.
3. Pensées que doit inspirer l'hiver.
4. Le petit Savoyard à Paris par une nuit d'hiver, poésie de M. Guiraud.

Le bonhomme de neige.

AU COIN DU FEU

94ᵉ Journée

VIRGINIE.

Maman, pourquoi Dieu, qui est bon, a-t-il fait l'hiver, qui est si froid, si froid?

LA MÈRE.

Ma fille, Dieu fait bien ce qu'il fait. La terre ne peut pas toujours produire des fleurs et des fruits : il faut qu'elle se repose, et l'hiver lui est aussi nécessaire que la nuit l'est pour nous. Quand tu seras en âge de bien comprendre ce que tu lis, tu sauras que le froid est aussi utile à la terre, pendant quelque temps, que la chaleur.

VIRGINIE.

L'hiver sera-t-il bien long?

LA MÈRE.

Souviens-toi de l'année dernière. Il a d'abord fait un grand froid, comme à présent : c'était la veille de Noël; puis, le froid a diminué peu à peu; et enfin tu as pu descendre dans le jardin et cultiver ton petit parterre.

VIRGINIE.

Oh! oui, je m'en souviens!.. Il n'y avait plus de neige, et je me rappelle que tu m'as dit que c'était le printemps, parce qu'il y avait des jacinthes et des primevères. Tu m'as dit aussi que ce serait bientôt Pâques, et que je pourrais mettre ma petite robe blanche pour aller à la messe.

LA MÈRE.

Il en sera de même cette année. Après l'hiver viendra le printemps, et avec le printemps les fleurs et les oiseaux.

VIRGINIE.

Est-ce que les oiseaux s'en vont pendant l'hiver?

LA MÈRE.

Oui, la plupart s'en vont dans des pays plus chauds; mais ils reviennent au printemps. Quand on revoit les hirondelles, c'est que l'hiver est tout à fait fini.

VIRGINIE.

Et après le printemps, qu'est-ce qui viendra?

LA MÈRE.

Après le printemps, viendra l'été avec les grandes chaleurs pour mûrir les fruits.

VIRGINIE.

Quand me mèneras-tu, comme l'année dernière, cueillir des bluets et des coquelicots dans les blés?

LA MÈRE.

A la Fête-Dieu, au commencement de l'été. C'est le temps des cerises et des groseilles, dont tu es si friande.

VIRGINIE.

Oh! que je voudrais être en été pour aller me promener avec toi dans les champs!

LA MÈRE.

L'été viendra, comme il est venu l'an passé; et, après l'été, viendra l'automne, qui est le temps des vendanges. Les saisons, c'est ainsi qu'on appelle l'hiver, le printemps, l'été et l'automne, viennent ainsi l'une après l'autre tous les ans. On peut comparer l'hiver à la nuit, pendant laquelle tout repose; le printemps, au matin, qui est le moment de la journée où toutes les créatures se réveillent et recommencent à travailler; l'été, au milieu du jour, qu'on appelle midi, et qui est l'heure où le soleil est dans tout son éclat; et enfin l'automne peut être comparé au soir, qui est le moment où le jour s'en va, et où l'on cesse de travailler.

PRINCIPALES FÊTES
ET
SOLENNITÉS DE L'ÉGLISE

PENDANT L'HIVER

NOËL, FÊTE DES ROIS, LE MERCREDI
DES CENDRES, LE CARÊME

95ᵉ Journée

oël

D. Qu'est-ce que la fête de Noël?

R. C'est une grande fête, établie pour célébrer la naissance de Notre-Seigneur Jésus-Christ.

D. Où est né Jésus-Christ?

R. Jésus-Christ est né dans une étable, à Bethléem (¹), petite ville de Judée, le vingt-cinq décembre.

D. Pourquoi Jésus-Christ a-t-il voulu naître dans une étable?

R. Pour nous apprendre à ne pas mépriser les pauvres.

---

(1) Il suffit que l'enfant comprenne que Bethléem était une petite ville d'un pays éloigné. Il faut en dire autant des mystères de la religion et des noms qui servent à les désigner. On mène un enfant à l'église avant qu'il sache ce que c'est que l'Incarnation, la Rédemption, etc.

LA NATIVITÉ DE NOTRE SEIGNEUR

La crèche de Bethléem.

LES ROIS

D. Qu'est-ce que la fête des Rois?

R. C'est une fête qui rappelle que, quelques jours après la naissance de Jésus-Christ, trois rois, conduits par une étoile, vinrent l'adorer dans sa crèche et lui offrir des présents.

C'est le jour où l'on se réunit en famille pour tirer le gâteau des rois. On fait autant de parts qu'il y a de personnes; puis, on les tire au sort, et celui ou celle qui trouve la fève dans sa part de gâteau est roi ou reine pendant tout le repas.

CARÊME
ET
CÉRÉMONIE DES CENDRES

D. Qu'est-ce que le Carême?

R. On appelle Carême les quarante jours de pénitence que l'Église prescrit à tous les fidèles, après les plaisirs du carnaval, pour se préparer à célébrer saintement la fête de Pâques.

D. Pourquoi l'Église met-elle des cendres sur la tête des fidèles le premier jour du Carême?

R. Pour nous rappeler que nous sommes fort peu de chose, que nous mourrons tous un jour, et que la mort réduira notre corps en poussière.

PENSÉES QUE DOIT NOUS INSPIRER L'HIVER

96ᵉ Journée

Considérez combien vous seriez malheureux, si, au cœur de l'hiver, vous n'aviez ni bois, ni lit, ni vêtements pour vous réchauffer; et voyez avec quelle bonté le Seigneur prend soin de nous, et nous fournit, même dans la saison la plus dénuée de ressources, et les nécessités et les commodités de la vie. Peut-être éprouvez-vous en ce moment la douce chaleur du feu. Ne rendrez-vous pas des actions de grâces au Seigneur, qui nous donne le bois avec une telle profusion, que les plus indigents trouvent à s'en procurer? Vous êtes couché dans un bon lit, qui, tous les soirs, devrait exciter votre reconnaissance, si vous considériez que la misère

prive un grand nombre de malheureux de cette aisance. Vous avez des habits, et peut-être en si grande quantité, qu'il ne vous est pas difficile de braver les rigueurs de l'hiver : si vous ne sentez pas que ce soit là un bienfait, songez à tant de pauvres gens dont les membres transis ne sont qu'à demi couverts de haillons! Oh! s'ils avaient seulement la moitié de vos vêtements, combien ils s'estimeraient heureux!

LE PETIT SAVOYARD A PARIS

PAR UNE NUIT D'HIVER (¹)

97e Journée

J'ai faim : vous qui passez, daignez me secourir.
Voyez : la neige tombe, et la terre est glacée.
J'ai froid : le vent s'élève, et l'heure est avancée.
  Et je n'ai rien pour me couvrir.

Tandis qu'en vos palais tout flatte votre envie,
A genoux sur le seuil, j'y pleure bien souvent.
Donnez, peu me suffit; je ne suis qu'un enfant,
  Un petit sou me rend la vie.

On m'a dit qu'à Paris je trouverais du pain.
Plusieurs ont raconté, dans nos forêts lointaines,
Qu'ici le riche aidait le pauvre dans ses peines :
Eh bien! moi, je suis pauvre et je vous tends la main:

  Faites-moi gagner mon salaire.
Où me faut-il courir? dites, j'y volerai.
Ma voix tremble de froid : eh bien! je chanterai,
  Si mes chansons peuvent vous plaire.

  Il ne m'écoute pas, il fuit;
Il court dans une fête (et j'en entends le bruit)
  Finir son heureuse journée;
Et moi, je vais chercher, pour y passer la nuit,
  Une guérite abandonnée.

Au foyer paternel quand pourrai-je m'asseoir!
  Rendez-moi ma pauvre chaumière.
Le laitage durci qu'on partageait le soir,
Et, quand la nuit tombait, l'heure de la prière,
Qui ne s'achevait pas sans laisser quelque espoir.

Ma mère, tu m'as dit, quand j'ai fui ta demeure :
Pars, grandis et prospère, et reviens près de moi.

---

(1) Poésie de M. Guiraud.

Hélas! et tout petit, faudra-t-il que je meure
Sans avoir rien gagné pour toi!

Non, l'on ne meurt pas à mon âge.
Quelque chose me dit de reprendre courage...
Eh! que sert d'espérer? que puis-je attendre enfin?
J'avais une marmotte, elle est morte de faim.

Et, faible, sur la terre il reposait sa tête;
Et la neige, en tombant, le couvrait à demi,
Lorsqu'une douce voix, à travers la tempête,
Vient réveiller l'enfant par le froid endormi.

Qu'il vienne à nous celui qui pleure,
Disait la voix mêlée au murmure des vents;
L'heure du péril est notre heure :
Les orphelins sont nos enfants.

Et deux femmes en deuil recueillaient sa misère.
Lui, docile et confus, se levait à leur voix;
Il s'étonnait d'abord; mais il vit dans leurs doigts
Briller la croix d'argent au bout d'un long rosaire;
Et l'enfant les suivit en se signant deux fois.

PRINTEMPS

1. Principales fêtes et solennités de l'Église pendant le printemps.
2. Une promenade dans les champs au mois d'avril (Bernardin de Saint-Pierre).
3. Rogations (Chateaubriand).

PRINCIPALES FÊTES
ET
SOLENNITÉS DE L'ÉGLISE
PENDANT LE PRINTEMPS

LE DIMANCHE DES RAMEAUX, LE VENDREDI-SAINT,
PAQUES, LES ROGATIONS, L'ASCENSION, LA PENTECÔTE,
LA FÊTE-DIEU

98ᵉ Journée

DIMANCHE
DES
RAMEAUX

D. Quel événement de la vie de Notre-Seigneur Jésus-Christ l'Église honore-t-elle le dimanche des Rameaux?

R. Elle honore l'entrée triomphante de Jésus-Christ à Jérusalem cinq jours avant sa Passion.

D. Pourquoi ce dimanche est-il appelé dimanche des Rameaux?

R. Parce que le peuple qui accompagnait Jésus-Christ dans son entrée à Jérusalem coupa des branches d'arbres dont il couvrit le chemin par où le Sauveur devait passer.

ENDREDI-SAINT

D. Pourquoi va-t-on adorer la croix dans les églises le Vendredi-Saint?

R. Parce que c'est le jour où Notre-Seigneur est mort pour nous sur la croix.

D. Dans quels sentiments doit-on aller adorer la croix?

R. Dans des sentiments d'amour et de reconnaissance pour notre Sauveur.

 ÂQUES

D. Qu'est-ce que la fête de Pâques?
R. La fête de Pâques est une des plus grandes fêtes

de l'Église. C'est le jour où Notre-Seigneur Jésus-Christ est ressuscité des morts, trois jours après avoir été mis dans le tombeau. C'est particulièrement dans ce grand

jour que les fidèles, qui ont déjà fait leur première communion, s'approchent de la sainte table pour y recevoir le saint sacrement de l'Eucharistie.

99ᵉ Journée

ROGATIONS

D. Qu'est-ce que les Rogations?
R. Les Rogations sont des prières, accompagnées de

processions dans les champs, qui se font le matin des trois jours qui précèdent le jour de l'Ascension?

D. Pourquoi fait-on ces prières?

R. On fait ces prières pour attirer les bénédictions de Dieu sur les fruits de la terre.

ASCENSION

D. Qu'est-ce que la fête de l'Ascension?

R. C'est le jour où Notre-Seigneur Jésus-Christ est monté au Ciel en présence des apôtres.

D. Pourquoi célèbre-t-on cette fête quarante jours après Pâques?

R. Parce que Jésus-Christ est monté au Ciel quarante jours après sa résurrection.

PENTECOTE

D. Qu'est-ce que la fête de la Pentecôte?

R. C'est une fête établie pour célébrer la descente

du Saint-Esprit sur les apôtres et les premiers fidèles.

D. Comment le Saint-Esprit descendit-il?

R. Les apôtres étant assemblés en un même lieu avec la sainte Vierge et plusieurs saintes femmes, on entendit tout à coup un grand bruit : on vit des langues de feu qui se reposèrent sur la tête de chacun d'eux, et ils furent tous remplis du Saint-Esprit.

FÊTE-DIEU

D. Qu'est-ce que la Fête-Dieu?

R. C'est une fête où l'on fait des processions, en jetant des fleurs devant le Saint-Sacrement.

UNE PROMENADE DANS LES CHAMPS
au mois d'avril

Bernardin de St-Pierre, *Harmonies de la nature.*

100ᵉ et 101ᵉ Journées

LA MÈRE.

Que le mois d'avril paraît doux après un hiver aussi rude!.. Reposons-nous au pied de ce chêne qui montre ses premières feuilles. Asseyons-nous sur le gazon. Amuse-toi, ma fille, à cueillir des fleurs pendant que je tiendrai ton frère sur mes genoux.

VIRGINIE.

Je vais lui en faire un gros bouquet, et pour vous aussi, et pour moi aussi...

LA MÈRE.

Tiens, voilà des violettes... au pied de ces églantiers.

VIRGINIE.

Oh! qu'elles sentent bon! Je croyais qu'elles ne venaient que dans les jardins. Maman, comment appelez-vous ces fleurs blanches qui viennent parmi les violettes. Elles sentent bon aussi.

LA MÈRE.

Ce sont des primevères.

VIRGINIE.

Et celles-là, qui sont au milieu du bois?

LA MÈRE.

Ce sont des jacinthes et des muguets.

VIRGINIE.

Ah! voici des marguerites dans l'herbe. Qu'elles sont jolies! En voilà d'à moitié ouvertes. Pourquoi ont-elles un petit étui vert qui les enferme à moitié?

LA MÈRE.

C'est pour défendre la fleur. On appelle cet étui un calice. Beaucoup de fleurs ont un calice. C'est comme le bourrelet que je mets autour de la tête de Paul, de peur qu'il ne se la casse en tombant.

VIRGINIE.

Mais les fleurs ne tombent pas.

LA MÈRE.

Non, mais elles se heurtent les unes contre les autres quand il fait du vent.

VIRGINIE.

Et ces petites feuilles blanches de la marguerite qui sont toutes rouges par la pointe, à quoi servent-elles?

LA MÈRE.

A renvoyer les rayons du soleil sur le calice de la fleur, à ce que dit ton papa. On les appelle des pétales.

VIRGINIE.

Qu'est-ce que c'est que ces petits boutons jaunes comme des têtes d'épingles, qui sont au milieu de la marguerite?

LA MÈRE.

Ce sont des fleurons. Ils ont besoin de chaleur pour fleurir : voilà pourquoi la plupart des fleurs se tournent vers le soleil.

VIRGINIE, en riant et en courant.

Oh! que de fleurs dans les herbes, de ce côté, au bord de l'eau! En voilà de blanches, de jaunes, de

bleues, de rouges, de violettes, de grandes! grandes! et de toutes petites, comment s'appellent-elles?

LA MÈRE.

Je n'en sais rien. Tu les montreras à ton père, qui te dira les noms, et nous les apprendrons ensemble.

VIRGINIE.

J'en connais déjà beaucoup, beaucoup : des roses, des œillets, des jasmins, des marguerites, des violettes, des... des... prime... je m'en ressouviendrais bien, si je les voyais.

LA MÈRE.

Tu n'auras pas plus de peine à en retenir les noms que ceux de tes lettres.

VIRGINIE.

Voilà beaucoup de fleurs blanches le long du bois. Elles ressemblent à des marguerites, mais elles sont plus grandes.

LA MÈRE.

Ne les cueille pas : ce sont des fleurs de fraisiers ; cet été, elles se changeront en fraises.

VIRGINIE.

Comment! les fraises commencent par être des fleurs?

LA MÈRE.

Oui, mon enfant, comme les femmes commencent par être de petites filles!

VIRGINIE.

Et les autres fleurs des prés, deviennent-elles aussi bonnes à manger?

LA MÈRE.

Non.

VIRGINIE.

Elles ne servent donc à rien?

LA MÈRE.

Il n'y en a aucune d'inutile. Les abeilles viennent y chercher leur miel.

VIRGINIE.

Qu'est-ce qu'une abeille?

LA MÈRE.

C'est une mouche grise, à quatre ailes. Tiens, en voilà une sur cette fleur de muguet. Prends garde d'y toucher, car elle pique bien fort. Tu peux la regarder, elle ne te fera pas de mal.

VIRGINIE.

o! elle enfonce sa tête dans la fleur! Elle ramasse avec son bec pointu une poussière jaune, qu'elle met sur ses petites cuisses avec ses pattes de devant. Venez donc voir, maman; que cela est curieux! En voilà encore d'autres sur d'autres fleurs! Mais il n'y en a pas sur leurs feuilles : les feuilles ne sont donc bonnes à rien?

LA MÈRE.

Oh si! ces vaches que tu vois là-bas les mangent, et les changent en lait dans leurs mamelles.

VIRGINIE.

Je ne savais pas que le lait venait des plantes, et le miel de leurs fleurs.

LA MÈRE.

Les abeilles en tirent encore de la cire, les moutons de la laine, et elles font produire des œufs aux poules, qui en mangent les graines.

VIRGINIE.

Mais qui est-ce qui a fait les plantes?

LA MÈRE.

C'est le bon Dieu, ma fille.

VIRGINIE.

Mais qui est-ce qui les fait pousser? Il n'y a pas de jardinier ici comme dans les jardins.

LA MÈRE.

C'est le soleil qui les échauffe, la pluie qui les arrose, et le vent qui les ressème, en dispersant leurs graines.

VIRGINIE.

Oh! Dieu est bien savant!

LA MÈRE.

Oui, ma chère fille : c'est lui qui a fait le soleil, le vent, la pluie, la plante; l'abeille qui tire le miel de ses fleurs; la vache qui change les herbes en lait; et les hommes qui jouissent de tous ses bienfaits, souvent sans reconnaissance.

VIRGINIE.

Oh! Dieu est bien bon! je veux le remercier tous les jours. Il n'a rien fait d'inutile. Mais ce n'est donc pas lui qui a fait ces vilaines chenilles qui mangent les feuilles des arbres? En voilà une qui vient de me tomber sur la figure. Oh! qu'elle est laide!

LA MÈRE.

C'est des chenilles que viennent ces jolis papillons après lesquels tu aimes tant à courir.

VIRGINIE.

Et comment cela? Est-ce qu'il y a un papillon dans une chenille?

LA MÈRE.

Oui, mon enfant, il y est renfermé, comme les ciseaux dans un étui.

VIRGINIE.

Oh! maman, fais-moi-le voir tout à l'heure.

LA MÈRE.

Ma bonne amie, je ne puis pas plus te montrer à présent ce papillon dans une chenille, qu'une fraise dans sa fleur : il faut que le soleil ait mûri l'un et l'autre.

VIRGINIE.

Ah! voilà un oiseau qui en emporte une.

LA MÈRE.

'est pour la donner à manger à ses petits. Sans les insectes, les oiseaux n'auraient pas de quoi nourrir leurs petits dans une saison où il n'y a pas encore de grains ni de fruits mûrs.

VIRGINIE.

Mais à quoi servent les oiseaux? Ils sont inutiles, puisqu'on ne peut pas les attraper.

LA MÈRE.

Ils servent à réjouir l'homme par leurs chants. Celui que tu viens de voir est un rossignol; il est brun comme un moineau, et il a un long bec; il s'est réfugié dans ce buisson d'églantiers. C'est là qu'est son nid.

VIRGINIE, courant au buisson.

a-t-il des petits dedans? Je vais les prendre.

(*Elle revient en pleurant.*)

Ah! mon Dieu, vois donc, maman, je me suis arraché les mains, mon sang coule, je vais mourir!

LA MÈRE.

N'aie pas peur de mourir. La mort est notre retour vers Dieu, qui est bon. Embrasse-moi.

VIRGINIE.

Maman, si Dieu est bon, il n'aurait pas mis des épines parmi les fleurs.

LA MÈRE.

Il en a mis dans plusieurs buissons, afin que les petits des oiseaux qui ne peuvent pas voler fussent défendus dans leurs nids.

VIRGINIE.

Pourquoi Dieu ne veut-il pas qu'on les prenne? Je ne leur aurais pas fait de mal; je les aurais mis dans une belle cage avec mon chardonneret.

LA MÈRE.

Que dirais-tu si l'on t'enlevait à ta mère pour t'élever dans une belle maison? Pourquoi ferais-tu à la mère d'un oiseau ce que tu ne voudrais pas que l'on fît à la tienne?

VIRGINIE.

Ah! Dieu est bon, puisqu'il prend soin des petits oiseaux. Mais s'il n'y avait pas de Dieu?

LA MÈRE.

Il n'y aurait alors ni plantes, ni chenilles, ni oiseaux,

ni petites filles, ni pères, ni mères; tout serait dans la confusion: c'est Dieu qui les a faits.

VIRGINIE.

Je voudrais bien connaître Dieu.

LA MÈRE.

Tu le connaîtras en faisant du bien, à son exemple.

VIRGINIE.

Je ne suis pas assez grande.

LA MÈRE.

Tu peux en faire dès à présent. Abstiens-toi de faire de la peine aux oiseaux. L'abstention du mal envers les animaux est le premier exercice du bien envers les hommes. Mais il est temps de nous en retourner, de peur d'être surprises en chemin par la nuit.

LES ROGATIONS

CHATEAUBRIAND, *Génie du Christianisme.*

102ᵉ Journée

Les cloches du hameau se font entendre, les villageois quittent leurs travaux : le vigneron descend de la colline, le laboureur accourt de la plaine, le bûcheron sort de la forêt ; les mères, fermant leurs cabanes, arrivent avec leurs enfants, et les jeunes filles laissent leurs fuseaux, leurs brebis et les fontaines pour assister à la fête.

On s'assemble dans le cimetière de la paroisse, sur les tombes verdoyantes des aïeux. Bientôt on voit paraître le curé du hameau. Revêtu d'un simple surplis, il réunit ses ouailles devant la grande porte de l'Église.

Après l'exhortation du pasteur, l'assemblée commence à marcher en chantant. On entre dans des champs ombragés et coupés profondément par la roue des chars rustiques : on franchit de hautes barrières formées d'un seul tronc de chêne ; on voyage le long d'une haie d'aubépine où bourdonne l'abeille et où sifflent les bouvreuils et les merles. Les arbres sont couverts de leurs fleurs et parés d'un naissant feuillage. Les bois, les vallons, les rivières entendent tour à tour les hymnes des laboureurs. Étonnés de ces cantiques, les hôtes des champs sortent des blés nouveaux et s'arrêtent à quelque distance pour voir passer la pompe villageoise.

La procession rentre enfin au hameau. Chacun retourne à son ouvrage : la religion n'a pas voulu que le jour où l'on demande à Dieu les biens de la terre fût un jour d'oisiveté.

ÉTÉ

1. Principales fêtes et solennités de l'Église pendant l'Été.
2. La moisson.
3. Une promenade dans le verger.

PRINCIPALES FÊTES
ET
SOLENNITÉS DE L'ÉGLISE

PENDANT L'ÉTÉ

LA SAINT-JEAN, L'ASSOMPTION

105ᵉ Journée

LA SAINT-JEAN

Qu'est-ce que la Saint-Jean?

R. C'est le jour de la fête de saint Jean-Baptiste, qu'on appelle le précurseur (¹) de Jésus-Christ, parce qu'il parut avant le Sauveur pour annoncer sa venue.

D. Pourquoi donne-t-on à saint Jean le surnom de *Baptiste?*

R. Parce qu'il baptisait ceux qui venaient à lui, en attendant que Jésus-Christ établît le véritable baptême.

---

(1) *Précurseur* veut dire *qui marche devant, qui vient avant.*

ASSOMPTION

D. Qu'est-ce que la fête de l'Assomption?

R. C'est une fête dans laquelle l'Église honore l'entrée triomphante de la sainte Vierge dans le ciel. Cette fête se célèbre le 15 août, au milieu de l'été.

LA MOISSON

104ᵉ et 105ᵉ Journées

Les fruits des arbres ne sont pas les seuls présents que la bonté de Dieu nous fait pendant l'été. Dieu a voulu aussi donner une nourriture plus solide à l'homme et aux animaux domestiques (¹) : c'est pour cela qu'il a fait naître le blé, le seigle, l'orge et l'avoine, que l'on récolte pendant le mois de juillet, et que vous n'aurez point de peine à reconnaître dans les champs après avoir bien regardé les images que nous mettons sous vos yeux. Parlons d'abord du blé.

1. Le Blé

Le blé, qu'on appelle aussi *froment*, sert à faire le pain, que nous demandons chaque jour à Dieu dans l'Oraison dominicale, et dont nous devons sans cesse le remercier, parce que le pain est le présent le plus précieux que Dieu nous ait fait. Ceux qui perdent ou gâchent le pain devraient bien penser aux pauvres gens, qui n'en ont pas toujours.

Il y a quatre espèces principales de blé : le *blé de miracle* (A), le *blé commun d'hiver* (B), le *blé barbu* (C), et le *blé de Calavera* (D).

---

(1) Les animaux domestiques sont : la volaille des basses-cours, les chevaux, les bœufs, les moutons, les chèvres et quelques autres. On les appelle *domestiques* parce qu'ils vivent avec nous, *dans la maison*.

2. Le Seigle.

Le seigle est une espèce de blé qui sert à faire le pain bis. Il ressemble beaucoup au froment; mais, quand il est mûr, il est facile de le distinguer du blé.

Le blé est d'un jaune doré; le seigle, au contraire, est grisâtre et presque blanc, et ses épis sont moins gros.

3. L'orge.

L'orge sert à nourrir les poules, les dindes et d'autres oiseaux de basse-cour. En la mêlant dans une grande quantité d'eau avec une autre plante, qu'on appelle *houblon*, on en fait de la bière, boisson ordinaire des pays où il ne vient pas de vin. Dans quelques pays pauvres, on en fait aussi du pain, mais ce pain est peu nourrissant et d'un goût désagréable.

Il y a deux espèces d'orge : l'*orge commune* (A), l'*orge en éventail* (B). (*Voir les figures à la page précédente.*)

4. L'avoine

L'avoine est le régal du cheval. C'est une espèce de dessert qu'on lui présente après le foin ou la paille. L'avoine se donne aussi aux volailles, et à quelques bestiaux, comme les moutons, par exemple.

Ses épis se présentent de deux manières comme dans la figure ci-dessus.

Outre le blé, le seigle, l'orge et l'avoine, que l'on appelle les grandes céréales, il y a encore le *maïs* ou *blé de Turquie* et le *riz*.

5. Le maïs ou blé de Turquie

Tige du maïs en floraison.

Il y a des pays qui ne produisent pas de blé pareil à celui qui vient dans nos contrées. Par exemple, le blé qu'on appelle *blé de Turquie* ou *maïs* est bien différent du nôtre. Il s'élève à la hauteur de quatre ou cinq pieds. Les épis du maïs sont fort gros, et renferment un grand nombre de graines jaunes ou rougeâtres. La volaille en est très-friande. Dans certains pays, la farine de maïs sert à faire des gâteaux. Avec son écorce on fait des paniers; et l'enveloppe des épis sert à remplir des toiles à paillasse.

Tête d'épi du maïs mûr.

6. Le Riz

Le *riz* que l'on sert sur nos tables forme le principal aliment de certains peuples, tels que l'Arabe.

Les figures ci-dessous représentent un épi de *riz barbu;* il y en a une autre espèce sans barbes.

Il est pénible de savoir qu'on n'a pu encore trouver le moyen d'assainir la culture du riz, presque toujours funeste à ceux qui s'y adonnent dans les terrains marécageux, qui sont ceux qui conviennent le mieux à cette plante.

Tige du riz.   Tête d'épi du riz.

UNE PROMENADE

DANS LE VERGER

106ᵉ Journée

VIRGINIE.

Maman, voilà les fruits qui commencent à grossir Seront-ils bientôt mûrs?

LA MÈRE.

Oui, ils le seront bientôt; mais garde-toi bien d'en manger maintenant, car ils te rendraient malade peut-être pour toute l'année.

VIRGINIE.

Pourquoi les fruits ne mûrissent-ils pas tous en même temps? Il n'y a déjà plus ni cerises ni groseilles.

LA MÈRE.

Dieu l'a voulu ainsi, pour que nous en eussions toute l'année. Ensuite, il y a des fruits qui ne nous paraîtraient pas aussi bons en automne qu'en été. Dans les grandes chaleurs, nous avons besoin de fruits rafraîchissants, et Dieu nous a donné les cerises, les groseilles, les framboises; et il en vient en si grande quantité, que les pauvres gens qui travaillent dans les champs peuvent s'en procurer aussi bien que les riches. En échange des cerises et des groseilles, nous aurons bientôt des pêches, des prunes, des abricots, des pommes, des poires, du raisin.

VIRGINIE.

Mais, en hiver, il n'y a plus de fruits?

LA MÈRE.

Il est vrai qu'il n'y en a plus sur les arbres, mais on peut en conserver quelques-uns dans les fruitiers, comme les pommes et les poires. Avec les autres, on fait des marmelades et des gelées, qu'on trouve si bonnes en hiver.

VIRGINIE.

Qu'est-ce qu'on appelle des *espaliers?*

LA MÈRE.

On appelle *espaliers* les arbres étendus en éventail contre la muraille, comme les pêchers du jardin de ta bonne maman.

Pêcher en espalier.

Les autres s'appellent arbres *à plein vent*. Les espaliers rapportent de plus beaux fruits, parce que la muraille, échauffée par le soleil, leur procure plus de chaleur. Le plus beau raisin est le chasselas de Thomery, que les vignerons disposent ainsi :

Chasselas en espalier.

AUTOMNE

1. Principales fêtes et solennités de l'Église pendant l'automne.
2. Départ des oiseaux.
3. La Vendange.

PRINCIPALES FÊTES
ET
SOLENNITÉS DE L'ÉGLISE
PENDANT L'AUTOMNE
LA TOUSSAINT, L'AVENT

107ᵉ Journée

LA TOUSSAINT

D. Qu'est-ce que la Toussaint?
R. La Toussaint est une fête dans laquelle l'Église

honore, le 1ᵉʳ novembre, la mémoire de tous les saints, c'est-à-dire de tous ceux qui sont morts dans le Seigneur, de tous ceux qui ont observé, pendant qu'ils vivaient, les préceptes et les exemples de Jésus-Christ.

D. Qu'est-ce que le *jour des morts ?*

R. C'est le jour où l'on va dans les cimetières prier sur la tombe des parents et des amis qu'on a perdus, et prier en même temps, avec l'Église, pour tous ceux qui sont morts.

2. L'Avent

u'est-ce que l'Avent ?

R. C'est le temps où l'on se prépare, dans le dernier mois de l'année, à célébrer dignement la fête de Noël, qui est la fête de la naissance de Notre-Seigneur Jésus-Christ.

Départ des oiseaux

Vers la fin du mois de septembre, au moment où les feuilles commencent à tomber, la plupart des oiseaux qui chantaient dans nos jardins, dans nos bois, dans nos campagnes, se préparent à nous quitter. Ils s'en vont, pour tout l'hiver, bien loin, bien loin, dans des pays où il fait moins froid que dans le nôtre. Vous demanderez peut-être comment de pauvres oiseaux peuvent faire ce que nous ne ferions pas nous-mêmes, si l'on ne nous montrait la route du pays où ils vont. C'est Dieu qui les conduit, le même Dieu qui fait lever le soleil, la lune, les étoiles ; qui fait naître les fleurs et les fruits ; c'est Dieu qui indique à chacun de ces oiseaux le pays, l'arbre même et la chaumière où il trouvera sa nourriture et sa demeure. C'est Dieu qui les guide lui-même dans les voyages qu'ils entreprennent au commencement de l'automne, et qui les ramène au printemps.

VENDANGES

108ᵉ Journée

ous savons que c'est au commencement de l'automne, dans les premiers jours du mois d'octobre, qu'on fait la récolte du raisin. Dès le matin, les vendangeuses se répandent dans la vigne, coupent le raisin et en remplissent leurs paniers. Un homme vient prendre ces paniers à mesure qu'ils sont remplis, et va jeter le raisin dans des tonneaux placés sur une charrette, qui le porte ensuite à l'endroit où d'autres hommes foulent les grappes sous leurs pieds. On recueille le jus du raisin qui découle du pressoir, et on le verse dans de grandes cuves, où on le laisse reposer jusqu'à ce qu'il devienne bon à boire.

Le temps des vendanges est un temps de plaisirs et de fêtes. Toute la campagne retentit, pendant le travail, des chansons et des cris de joie des vendangeuses. A la fin de la journée, elles se réunissent dans la cour, avec les vendangeurs, et les maîtres se mêlent souvent à leurs repas et à leurs danses.

LECTURES RÉCRÉATIVES

LES

JEUX DE L'ENFANCE

LES JEUX DE L'ENFANCE

109ᵉ, 110ᵉ et 111ᵉ Journées

PAUL, HENRIETTE et LEUR MÈRE

Mᵐᵉ D...

Je suis contente de vous aujourd'hui, vous avez bien travaillé; vous avez été obéissants, et vous ne vous êtes point querellés.

HENRIETTE.

Oh! petite mère, cela ne nous arrive pas souvent.

PAUL.

Plus du tout, depuis que nous ne jouons plus aux cartes, ce vilain jeu que tu nous a défendu, maman, parce qu'il n'apprend rien, qu'on n'y prend pas d'exercice, et qu'il amène presque toujours des disputes.

HENRIETTE.

Oh! c'est bien vrai cela. Aussi nous ne toucherons plus jamais aux cartes que pour en faire des châteaux ou des cocottes.

Mme D...

Vous avez raison. Il ne faut jamais de ces jeux dangereux pour l'esprit, pas plus que de ces jeux cruels dont les enfants rendent trop souvent victimes de pauvres animaux.

HENRIETTE.

Ah! oui, comme les batailles de hannetons. Quelles vilaines gens que ces hommes qui vendent de ces pauvres bêtes emprisonnées comme cela dans des boîtes.

PAUL.

Eh bien! et les écoliers qui tourmentent les malheureuses mouches et les font envoler avec une grosse charge de papier?

Mme D...

Ils sont tout aussi méchants. Mais aucun de vous n'est capable de faire de ces laides méchancetés-là.

HENRIETTE ET PAUL.

Bien certainement non, maman.

Mme D...

J'ai l'intention de vous mener promener au Luxembourg, et Paul emportera son ballon pour jouer avec ses petits camarades sous les allées.

HENRIETTE.

Maman, je voudrais bien prendre mes raquettes pour jouer au volant avec Paul.

PAUL.

Je voudrais aussi emporter mon cerceau.

HENRIETTE.

Et ma poupée, pour me promener avec elle, comme ma cousine Julie, qui fait la demoiselle.

Mme D...

Comme toi, tu fais en ce moment la mauvaise langue.

PAUL.

Maman, si je prenais mes billes?

Mme D...

Et ton cheval de bois, et Henriette son ménage, n'est-ce pas? Nous nous ferions alors accompagner par un commissionnaire pour porter tout cela. J'ai dit que Paul prendrait son ballon, c'est assez pour aujourd'hui. Demain, Henriette, tu prendras tes raquettes.

LES DEUX ENFANTS.

C'est bien, maman.

PAUL.

D'ailleurs, quand nous aurons assez joué au ballon, moi je pourrai jouer au cheval avec les petits garçons, ou nous pourrons tous deux sauter à la corde avec les petites filles et les petits garçons qui sont là avec leurs bonnes ou leurs mamans.

PAUL.

Alors il faudrait prendre la nôtre, ou bien notre cerceau, car si on ne veut pas nous recevoir?..

HENRIETTE.

Mais si, on nous recevra, et tu prêteras ton ballon à

ceux qui voudront nous laisser les remplacer à la corde, n'est-ce pas, maman?

Mme D...

Cela me paraît tout simple, mon enfant. Ce sera un échange de ces bons procédés qui maintiennent l'harmonie dans le monde des enfants, comme dans le monde des grandes personnes.

HENRIETTE.

Maman, y a-t-il longtemps que l'on joue à la poupée?

Mme D...

Ton oncle me disait hier qu'il venait de lire un ouvrage dans lequel on parle des jeux des anciens, et il paraît qu'une grande partie de nos jeux d'à présent ressemblent beaucoup aux leurs. Par exemple, le jeu de bague, auquel vous vous êtes exercés sur les chevaux de bois des Champs-Élysées, un peuple très-ancien, les Parthes, y jouaient aussi, mais d'une manière différente : au lieu de cette espèce de poinçon avec lequel vous enlevez la bague au passage, ils lançaient une flèche qui devait traverser une rangée d'anneaux placés sur des bâtons fichés en terre.

PAUL.

Oh! que cela devait être difficile d'aller ainsi tout droit.

HENRIETTE.

Je ne vois pas pourquoi.

PAUL.

Tu n'as donc pas remarqué quand je joue à l'arc que ma flèche, quoique je vise devant moi, ne va pas tout droit; qu'elle s'élève et qu'elle redescend.

Mme D...

C'est vrai, et je suis contente de voir que tu en aies

fait la remarque. Sais-tu comment s'appelle ce mouvement de la flèche de bas en haut et de haut en bas ?

PAUL.

Non, maman.

Mme D...

On dit que la flèche décrit une parabole.

HENRIETTE.

Comme maman est savante.

Mme D...

Non, ma petite. Mais j'écoute ce que les personnes instruites disent devant moi, et je tâche de le retenir. C'est ton oncle l'officier d'artillerie qui disait cela dernièrement en parlant des boulets qui sont lancés par les canons, et je pense qu'on en doit dire autant des flèches lancées par l'arc.

HENRIETTE.

Maman, M. le curé nous parlait l'autre jour de l'enfant prodigue, et il nous disait que c'était une parabole. Comment une histoire et un boulet peuvent-ils être l'un et l'autre des paraboles ?

Mme D...

Je n'ai pas dit que le boulet et la flèche étaient des paraboles, j'ai dit qu'ils décrivaient une parabole, c'est-à-dire qu'ils faisaient un détour en s'élevant du point d'où on les lance pour arriver au point où on veut les faire atteindre au but. Les paraboles que l'on raconte font de même. Celui qui les cite part d'un point, et il fait, pour rendre son récit intéressant, un détour avant d'arriver à son but, qui est une moralité.

HENRIETTE.

Ainsi quand je joue au volant avec Paul, notre volant décrit une parabole en allant de ma raquette à la sienne.

Mme D...

Précisément : comme la flèche et le boulet.

PAUL.

Ah! maman, à propos de volants, comment s'appelle donc ce jeu auquel nous avons vu hier jouer tous ces messieurs avec des balles et de grosses raquettes toutes serrées et recourbées?

Mme D...

C'est le jeu de paume.

PAUL.

Est-ce bien ancien aussi ce jeu-là?

Mme D...

Je le crois. Mais je sais seulement que les derniers rois de France y jouaient beaucoup autrefois.

HENRIETTE.

Paul, demande donc à maman si elle sait d'où viennent tous vos jeux de garçons : les billes auxquelles nous voyons tant jouer les élèves du lycée quand nous allons y voir le grand frère.

PAUL.

Ah oui! la poquette, le triangle, le tas, la poursuite.

Mme D...

Tu en sais plus que moi sur cela, mon ami, car, j'ignorais même tous ces noms.

PAUL.

Je suis sûr, maman, que vous ne savez pas non plus les noms des différents jeux de balle : il y en a un bien drôle auquel j'ai vu Georges jouer au collége : c'est la balle cavalière à laquelle il y en a quatre montés chacun sur le dos d'un camarade qui se la lancent et se

la renvoient. Et les jeux où l'on saute les uns sur les autres : la lancée, le cheval fondu. Les connaissez-vous, maman ?

Mme D...

J'ai entendu votre frère les nommer, et d'après ce qu'il m'en a dit, il y en a un qui me fait toujours peur : c'est la lancée. C'est un exercice trop violent, et dans lequel on doit courir risque de se blesser.

HENRIETTE.

Ah! bien, maman, il faudra dimanche, quand Georges viendra, lui défendre d'y jouer.

COURS DE LECTURE. — PREMIÈRES LECTURES COURANTES. 199

Mme D...

Je l'en prierai d'abord, ma fille, et je crois que cela suffira.

HENRIETTE.

Je le crois, car il y a un vilain jeu auquel il a été une fois dans les Champs-Élysées, et quand je l'y ai vu, je me suis mise à crier. Il s'est fait vite arrêter pour me rassurer, et comme je le priais en grâce de ne plus y retourner, jamais il n'y a plus été.

Mme D...

Lequel donc?

PAUL.

Oh! je me rappelle. Attends donc. Tu sais bien, maman, du côté du théâtre de Guignol... Ah! le casse-cou : cette grande roue qui tourne avec des fauteuils qui font la bascule.

Mme D...

Oui, oui! je sais : la balançoire russe.

HENRIETTE.

...qu'on a bien raison d'appeler aussi casse-cou.

Mme D...

C'est très-vrai.

PAUL.

Comment peut-on inventer d'aussi vilains jeux?

HENRIETTE.

Oui... quand il y en a de si jolis et de tant d'espèces!

Mme D...

C'est, mes enfants, que les hommes semblent n'être jamais satisfaits de ce qu'ils ont; que plus ils possèdent, plus ils veulent avoir, et qu'il leur faut toujours du nouveau.

HENRIETTE.

Nous ne sommes pas comme cela, nous!

PAUL.

Parce que maman et papa sont si excellents que nous ne pouvions souhaiter autre chose que ce que nous avons.

HENRIETTE.

Et nous n'aurions aucun jeu que nous serions toujours très-heureux avec vous.

Mme D...

Chers enfants... (Elle les embrasse.)

PAUL.

Voudras-tu permettre, pendant les vacances, quand nous irons à la campagne, chez grand papa, que nous fassions aller des petits bateaux sur le bassin de son jardin, comme des petits garçons le font aux Tuileries et au Luxembourg, où tu n'as pas voulu me permettre de le faire.

Mme D...

Chez le bon papa, et tant que je serai là, et qu'il n'y aura pas de foule autour de vous, à la bonne heure.

PAUL.

Merci, petite mère. Et au cerf-volant. Quand permettras-tu que j'en fasse enlever un avec Henriette?

HENRIETTE.

Oh! avec moi! est-ce que c'est un jeu de petites filles!

Mme D...

Pendant les vacances avec ton grand frère... Mais, voyons, mes enfants, nous venons de parler bien longtemps, et l'heure de la promenade est tout à l'heure écoulée. Regardez un peu, jusqu'au dîner, les gravures de la Bible que votre père vous a données, et après nous descendrons au jardin. Ce sera notre promenade d'aujourd'hui.

HENRIETTE.

Tu nous permettras d'y faire venir nos petits voisins pour jouer avec eux à Colin-Maillard.

Mme D...

J'y consens volontiers, mes enfants. Car je suis trop heureuse chaque fois que je puis vous voir, vous récréer en bonne compagnie, comme le doivent faire de bons et aimables enfants qui ont bien rempli leurs devoirs.

ÉTYMOLOGIES

des mots peu usuels

EMPLOYÉS DANS LE COURS DE LECTURE

A

Accents : du latin *accentus*, chant. Les accents servent à modifier la voix, et à lui donner, comme dans le chant, des intonations différentes.

Alphabet, alphabétique : du nom des deux premières lettres grecques *alpha* a et *béta* b.

Amphibie : du grec *amphi*, doublement, et *bios*, vie. Les animaux amphibies ont comme une double vie puisqu'ils vivent dans l'eau et sur la terre, tel le phoque.

Ange, angélique : du grec *angelló*, j'annonce.

Apostrophe : en grec *apostrophê*, détour. Au moyen de l'apostrophe, on écarte, on rejette la lettre qu'elle remplace.

Ascension : du latin *ascendere*, monter. C'est le jour où Notre-Seigneur Jésus-Christ est monté au Ciel.

Astérisque : du grec *aster*, étoile. Ce signe orthographique a la forme d'une étoile.

Avent : qui s'écrivait autrefois *advent*, du latin *adventus*, arrivée, approche. Dans le temps de l'Avent, on se prépare à célébrer l'approche de la naissance du Christ.

C

Carême : qui s'écrivait en vieux français *quaresme*, du latin *quadragesimus*, quarantième. Le Carême commence le quarantième jour avant Pâques.

Cédille : de l'espagnol *cedilla*, signe orthographique inventé par les Espagnols.

Circonflexe (accent) : du latin *circumflexus*, courbé autour, parce que cet accent entoure une partie de la lettre.

Consonne : du latin *cum*, avec, et *sonare*, rendre un son. Les consonnes sont des lettres qui *ne rendent un son qu'avec le secours des voyelles*, c'est-à-dire qu'autant qu'elles sont jointes à une voyelle.

D

Dictionnaire : en latin *dictionarium*, formé de *dictio*, qui veut dire *mot*.

Domestique : en latin *domesticus*, fait de *domus*, maison.

Dominicale (oraison) : du latin *Dominus*, le Seigneur.

E

Échasses, échassiers : du latin *scala*, échelle. Les longues jambes des animaux échassiers ont l'air des deux montants d'une échelle.

École, écolier : du latin *schola*, école.

Épeler, épellation : du latin *appellare*, appeler, nommer. Épeler, c'est nommer les lettres, les appeler.

Équivalent (son) : du latin *æquè*, également, et *valere*, valoir. Deux sons *équivalents* se valent également.

Étymologie : du grec *etumos*, vrai, et *logos*, sens. L'étymologie d'un mot est l'explication de son vrai sens.

Évangile : du grec *eu*, bien, et *angelló*, j'annonce : *l'Évangile* est le livre dans lequel est annoncée la bonne nouvelle de la venue du Sauveur.

G

Guillemet : du nom de l'inventeur de ce signe orthographique.

I

Impératif : du latin *imperare*, commander. Un verbe est à l'*impératif*, quand la personne qui parle le fait en ordonnant que l'on exécute ce qu'elle dit.

Infinitif : en latin *infinitivus*, indéfini, indéterminé. Un verbe est à l'infinitif, quand il exprime simplement l'action sans définir, sans déterminer le temps où elle se passe. Aimer, travailler, réciter.

L

Lettre, : du latin *littera*, même signification.

M

Majuscules (lettres) : du latin *majusculus*, un peu plus grand, formé de *major*, plus grand.

Minuscules (lettres) : du latin *minusculus*, un peu plus petit, formé de *minor*, plus petit.

Monosyllabe : du grec *monos*, seul, et *syllabé*, syllabe. Les monosyllabes sont des mots d'une seule syllabe.

N

Nasal : du latin *nasus*, nez. Son nasal, qui vient du nez.

Noel : du latin, *natalis*, jour de la naissance.

O

Oraison : du latin *orare*, prier.

Orthographe : du grec *orthos*, droit, régulier, et *graphô*, j'écris. L'orthographe est la connaissance des règles suivant lesquelles on doit écrire et parler.

P

Paques : qui s'écrivait autrefois *pasques*, du latin *pascha*, venant d'un mot hébreu à peu près semblable qui signifie passage, c'est-à-dire la nuit du passage de l'ange exterminateur ; nuit qui précéda la délivrance des Hébreux, captifs en Égypte.

Paragraphe : du grec *para*, auprès, et *graphô*, j'écris. Un paragraphe en suit un autre ; il est écrit auprès de celui qui le précède.

Parenthèse : en grec *parenthésis*, même signification, formé lui-même de trois mots grecs, qui signifient : je place dans et entre. On place les mots *entre* les deux parenthèses et *dans* l'espace qui les sépare.

Pentecôte : du grec *pentêcosté*, cinquantième. La Pentecôte se célèbre cinquante jours après Pâques.

Phrase : du grec *phrazô*, je parle.

Pluriel : du latin *plures*, plusieurs.

Précurseur, qui vient avant : en latin *præcursor*, formé de *præ*, devant, et *currere*, courir.

Prononciation, prononcer : du latin *pronunciatio*, *pronunciare*, même signification ; action d'émettre le son des lettres et des syllabes.

Q

Quadrumane : du latin *quadrinus*, à quatre, et *manus*, main. Les quadrumanes, tels que les singes, ont quatre mains.

Quadrupède : du latin *quadrinus*, et *pes*, le pied, *pedes*, les pieds. Les chevaux, les éléphants, qui ont quatre pieds; les chiens, les chats, qui ont quatre pattes, sont des quadrupèdes.

R

Récréation, récréatif, récréer : du latin *recreare*, créer de nouveau; en effet, la récréation semble créer de nouvelles forces à l'esprit en le reposant.

Rogations : du latin *rogatio*, prière.

S

Scapulaire : du latin *scapulæ*, épaules. Le scapulaire est un vêtement qui descend depuis les épaules jusqu'en bas.

Singulier : du latin *singularis*, seul.

Stigmates : du latin *stigmata*, traces, piqûres.

Stomachique, bon pour l'estomac : du latin *stomachus*, estomac.

Style : du grec *stulos*, stylet avec lequel on écrivait sur des tablettes de cire.

Syllabe, syllabaire : du grec *syllabé*, même signification, venant d'un verbe qui veut dire comprendre, réunir. La syllabe réunit plusieurs lettres pour n'en former qu'un son.

T

Tréma : du grec *tréma*, petit trou : le tréma produit l'effet de deux petits trous placés sur la lettre.

V

Variable, invariable (prononciation) : du latin *variare*, diversifier, changer.

Vendange : du latin *vindemia*, mot qui signifie ôter le vin du raisin.

Virgule : du latin *virgula*, petite baguette.

Voyelle : du latin *vox*, voix, son. Les voyelles ont un son par elles-mêmes.

X

Xylographe, graveur sur bois : du grec *xulon*, bois, et *graphô*, j'écris.

Xystiques, lutteurs qui combattaient sous les portiques des habitations : du grec *xustos*, portique.

FIN

TABLE

DES

MATIÈRES CONTENUES DANS LE COURS DE LECTURE

—∞∞∞∞—

	Pages
Observations préliminaires.	1
Dénominations anciennes et nouvelles.	7

1re SECTION

SYLLABAIRE, ou Prononciations générales

1re LEÇON. — DES LETTRES

1re journée :	Alphabet des lettres majuscules		10
2e »	Alphabet des lettres minuscules		11
	Alphabet illustré		12

2e LEÇON. — DES VOYELLES ET DES CONSONNES

3e journée :	Des voyelles		19
4e »	Des consonnes		20
5e »	Exercices		21

3ᵉ LEÇON. — DES DIFFÉRENTES ESPÈCES D'E

Pages

6ᵉ journée : E muet, E fermé.................................... 22
7ᵉ   »   E grave, E ouvert.................................... 23

4ᵉ LEÇON. — DES ACCENTS

8ᵉ journée : Accents sur les voyelles......................... 24
9ᵉ   »   Accent circonflexe.................................. 25

5ᵉ LEÇON. — RÉCAPITULATION

10ᵉ journée : Questions... 26

6ᵉ LEÇON. — SYLLABES DE DEUX LETTRES COMMENÇANT PAR UNE CONSONNE

11ᵉ journée : Qu'est-ce qu'une syllabe?........................ 27
12ᵉ et 13ᵉ journées : Tableaux de syllabes de deux lettres commençant par une consonne...................................... 28
14ᵉ et 15ᵉ journées : Tableaux des mêmes syllabes présentées dans un autre ordre.. 30
16ᵉ journée : Questions sur les tableaux précédents : Comment écrit-on?... 32
17ᵉ journée : Autres questions : Comment prononce-t-on?........ 33
18ᵉ et 19ᵉ journées : Exercices sur les journées 12 à 17....... 34

7ᵉ LEÇON. — SYLLABES DE DEUX LETTRES COMMENÇANT PAR UNE VOYELLE

20ᵉ et 21ᵉ journées : Tableaux de syllabes de deux lettres commençant par une voyelle..................................... 36
22ᵉ et 23ᵉ journées : Tableaux des mêmes syllabes présentées dans un autre ordre.. 38

TABLE DES MATIÈRES.

Pages

24ᵉ journée : Questions sur les tableaux précédents : Comment écrit-on?... 40
25ᵉ journée : Autres questions : Comment prononce-t-on?...... 41
26ᵉ et 27ᵉ journées : Exercices sur les journées 20 à 25....... 42

8ᵉ LEÇON. — SYLLABES DE TROIS ET DE QUATRE LETTRES DANS LESQUELLES LA 1ʳᵉ CONSONNE EST SUIVIE DE L

28ᵉ journée : Tableau...................................... 44
29ᵉ   »   Questions : Comment écrit-on?.................. 45
30ᵉ   »   Autres questions : Comment prononce-t-on?...... 46
31ᵉ   »   Exercices sur les journées 28 à 30.............. 47

9ᵉ LEÇON. — SYLLABES DE TROIS ET DE QUATRE LETTRES DANS LESQUELLES LA 1ʳᵉ CONSONNE EST SUIVIE DE R

32ᵉ journée : Tableau...................................... 48
33ᵉ journée : Questions : Comment écrit-on?................. 49
34ᵉ   »   Autres questions : Comment prononce-t-on?...... 50
35ᵉ   »   Exercices sur les journées 32 à 34.............. 51
36ᵉ   »   Continuation de la 35ᵉ journée.................. 52

10ᵉ LEÇON. — SYLLABES DE TROIS ET DE QUATRE LETTRES D'UNE PRONONCIATION GÉNÉRALEMENT INVARIABLE

37ᵉ journée : Tableau...................................... 53
38ᵉ   »   Observations à faire sur la 37ᵉ journée......... 54
39ᵉ   »   Questions : Comment écrit-on?.................. 56
40ᵉ   »   Autres questions : Comment prononce-t-on?...... 57
41ᵉ et 42ᵉ journées : Exercices sur les journées 37 à 40....... 58

11ᵉ LEÇON. — SYLLABES DE TROIS LETTRES COMMENÇANT PAR UNE CONSONNE LIÉE A UNE AUTRE CONSONNE

43ᵉ journée : Tableau...................................... 60

TABLE DES MATIÈRES.

	Pages
44ᵉ journée : Questions : Comment écrit-on?...............	61
45ᵉ　» 　　Autres questions : Comment prononce-t-on?......	62
46ᵉ　» 　　Exercices sur les journées 43 à 45...............	63

2ᵉ LEÇON. — SYLLABES DE TROIS LETTRES COMMENÇANT PAR LA LETTRE S SUIVIE DE DEUX CONSONNES

47ᵉ journée : Tableau et Questions........................	64
48ᵉ　» 　　Autres Questions et Exercices..................	65
49ᵉ et 50ᵉ journées : Exercices sur toutes les journées précédentes...	66

13ᵉ LEÇON. — UNE VOYELLE PLACÉE ENTRE DEUX CONSONNES

51ᵉ et 52ᵉ journées : Tableau de syllabes.....................	68
53ᵉ journée : Questions : Comment écrit-on?...............	70
54ᵉ　» 　　Autres questions : Comment prononce-t-on?......	71
55ᵉ　» 　　Exercices sur les journées 51 à 54...............	72

14ᵉ LEÇON. — VOYELLES COMPOSÉES

56ᵉ journée : Voyelle : *Ai*...............................	73
Questions à faire sur la 56ᵉ journée : Comment écrit-on? Comment prononce-t-on?............	74
57ᵉ　» 　　Voyelle : *Ou*.................................	75
Questions à faire sur la 57ᵉ journée : Comment écrit-on? Comment prononce-t-on?............	76
58ᵉ　» 　　Exercices sur les journées 56 et 57...............	77

15ᵉ LEÇON. — SIGNES ORTHOGRAPHIQUES

59ᵉ journée : Tableau de ces signes.....	78
Exemples...........................	79
60ᵉ　» 　　Exercices récréatifs sur les signes orthographiques..	80

TABLE DES MATIÈRES.

2ᵉ SECTION

Prononciations variables, Sons équivalents, Exceptions et difficultés

                                                                 Pages

Observation importante.......................... 87

16ᵉ LEÇON. — LETTRES SIMPLES ET LETTRES DOUBLES A LA FIN DES MOTS

61ᵉ journée : Lettres simples : *B, c, d*............... 89
62ᵉ   »   Lettres simples : *G, l, p, s, t, x*............. 90
63ᵉ   »   Lettres doubles : *Ds, ps, ct, gt, nt*........... 91

17ᵉ LEÇON. — SONS ÉQUIVALENTS

64ᵉ journée : § 1. AI = É,..................... 92
                 § 2. AI = È................... 93
65ᵉ »   Exercices sur la 64ᵉ journée............... 94
66ᵉ »   § 1. AU = Ô.................... 95
                 § 2. EAU = Ô................... 96
67ᵉ »   Exercices sur la 66ᵉ journée............... 97
68ᵉ et 69ᵉ journées : §§ 1, 2, 3, 4. AIM, AIN, EIN, IM = IN.... 98-99
70ᵉ journée : Questions sur les journées 68 et 69. Exercices.... 100
71ᵉ »   §§ 1 et 2. EZ, ER = É. Exemples........... 101
72ᵉ »   Questions sur la 71ᵉ journée.............. 102
                 Exercices sur les 71ᵉ et 72ᵉ journées........... 103

18ᵉ LEÇON. — PRONONCIATIONS DIVERSES

73ᵉ journée : EU et OEU...................... 104
74ᵉ »   Questions à faire sur la 73ᵉ journée.......... 105

19ᵉ LEÇON. — ARTICULATIONS ÉQUIVALENTES

75ᵉ journée : § 1. S = Z. Exercices................. 106
                 § 2. GE = J..................... 107

TABLE DES MATIÈRES.

Pages

76ᵉ journée : § 3. TI = CI.. 108
               § 4. EN = IN.. 109
77ᵉ   »   § 5. EM, EN = A.. 110
               § 6. Y = I et II.. 111
78ᵉ   »   § 7. EI, ES, ET = É.. 112

20ᵉ LEÇON. — PRONONCIATIONS VARIABLES

79ᵉ journée : X = KS, GZ, SS, Z. Exercices...................... 114

21ᵉ LEÇON. — DIFFICULTÉS

80ᵉ journée : 1ʳᵉ partie : § 1. L ou LL mouillés. Exercices...... 115
           2ᵉ   »   § 2. Œil, œillet, etc.................... 116

22ᵉ LEÇON. — EXCEPTIONS

81ᵉ journée : CH, GU. Exemples.................................. 117

23ᵉ LEÇON. — MOTS QU'ON ÉCRIT DE MÊME ET QU'ON PRONONCE DIFFÉREMMENT

82ᵉ et 83ᵉ journées : Tableau................................... 118

3ᵉ SECTION

Premières Lectures courantes

1° CONTES MORAUX, MAXIMES ET PRIÈRES ; 2° LECTURES INSTRUCTIVES ;
3° LECTURES RÉCRÉATIVES

CONTES MORAUX

84ᵉ journée. Les fleurs.. 123
             Maximes tirées de l'Écriture Sainte............. 124

TABLE DES MATIÈRES.   217

			Pages
85e	»	Les épis de blé	125
86e	»	Les linottes	126
87e	»	Les hirondelles	127
		Instructions tirées de l'Écriture Sainte. (Paroles de Tobie à son fils.)	128
88e	»	L'eau et le pain	129
89e	»	Les oiseaux chanteurs	130
		(Suite des paroles de Tobie.)	131
90e	»	La pluie	132
		L'oraison dominicale	133
91e	»	Le soleil	134
92e	journée :	L'arc-en-ciel	135
93e	»	L'orage	136
		La salutation angélique	137

LECTURES INSTRUCTIVES

SUJETS DIVERS SUR LES QUATRE SAISONS DE L'ANNÉE

Hiver 139

94e journée : Au coin du feu : Dialogue 140

PRINCIPALES FÊTES ET SOLENNITÉS DE L'ÉGLISE PENDANT L'HIVER

95e	journée :	Noël	143
		Les Rois	145
		Carême et cérémonie des Cendres	145
96e	»	Pensées que doit nous inspirer l'hiver	146
97e	»	Le petit Savoyard à Paris pendant une nuit d'hiver, poésie par M. Guiraud	147

Printemps 149

13

PRINCIPALES FÊTES ET SOLENNITÉS DE L'ÉGLISE PENDANT LE PRINTEMPS

Pages

08e journée	.	Dimanche des Rameaux....................	150
		Vendredi-Saint..	151
		Pâques................................	151
99e	»	Rogations.............................	152
		Ascension.............................	153
		Pentecôte.............................	153
		Fête-Dieu.............................	154
100e et 101e journées : Une promenade dans les champs au mois d'avril, dialogue par Bernardin de Saint-Pierre..			155
102e	»	Les Rogations, par M. de Chateaubriand........	166
		Été..................................	168

PRINCIPALES FÊTES ET SOLENNITÉS DE L'ÉGLISE PENDANT L'ÉTÉ

103e journée : La Saint-Jean..........................			169
		Assomption...........................	170
104e	»	La moisson...........................	171
105e	»	Le blé................................	172
		Le seigle.............................	173
		L'orge................................	173
		L'avoine..............................	174
		Le maïs ou blé de Turquie...............	175
		Le riz................................	176
106e	»	Une promenade dans le verger...........	177
		Automne.............................	180

PRINCIPALES FÊTES ET SOLENNITÉS DE L'ÉGLISE PENDANT L'AUTOMNE

107e journée : La Toussaint............................			181
		Le jour des morts......................	182
		L'Avent...............................	182
		Départ des oiseaux.....................	183
108e	»	Les vendanges.........................	184

LECTURES RÉCRÉATIVES

Pages

109e, 110e et 111e journées : Les jeux de l'enfance, dialogue entre une mère, son fils et sa fille.................. 187

Étymologies des mots peu usuels employés dans le *Cours de Lecture*.......... 204

FIN DE LA TABLE

PARIS — IMPRIMERIE DE J. CLAYE, RUE SAINT-BENOÎT, 7

www.ingramcontent.com/pod-product-compliance
Lightning Source LLC
Chambersburg PA
CBHW051902160426
43198CB00012B/1708